¿POR QUÉ NOSOTROS?

NUNCA DESISTAS DE TU LLAMADO

PASTORA PURITA MALDONADO

¿POR QUÉ NOSOTROS?
Nunca desistas de tu llamado
2019 Por Pura (Purita) Maldonado

Editado y diagramado por:
MIND – Digital Marketing
30043 Georgia – (786) 616 3013 (786) 237 7171

Dirección de proyecto:
Lala Herrera
@LalaHerreratm
www.lalaherrera.com

Edición:
Elizabeth Herrera Bernal

Dirección de arte:
Samuel Arana

Diseño de portada y diagramación interna:
Keren Nicoll Fierro Sánchez

Transcripción:
Mary Díaz
Maribel Talavera
Amarilis Cintrón

Impreso en los Estados Unidos de América.

Ninguna parte de este libro puede ser reproducida o transmitida de ninguna manera o por ningún medio, electrónico o mecánico – fotocopiado, grabado, o por ningún sistema de almacenamiento y recuperación (o reproducción) de información – sin permiso escrito por el autor.

Categoría: Inspiración y biografía

DEDICATORIA

Quiero dedicar esta publicación primeramente a mi Señor y Dios y a unas personas que ocupan un lugar muy especial en mi vida y la de mi esposo Ángel, nuestros hijos y sus familias. Ellos son parte de estas vivencias y en una forma u otra han sido tocados por nuestras experiencias.

Este libro quedará para la historia y cuando ya no estemos, queremos que los que siguen, tengan conocimiento de las cosas que Dios hace.

Obed y Glenda, sus hijos Yaniris y Obed Omar; Nimsy y Micky, sus hijos Jan Omar, Yaheli Marie y Lerriane Yael; Namsy y Luis, sus hijas Gabriela y Solange; Nadia Nemsy, esto es para ustedes de todo nuestro corazón.

AGRADECIMIENTOS

Esta obra estaría incompleta sino manifestara mi agradecimiento a unas personas muy especiales que fueron instrumentos de bendición, para trabajar en la elaboración de este libro.

Gracias a Eva Mari Vázquez de Puerto Rico. Igualmente a Mary Díaz, Maribel Talavera y Amarilis Cintrón de Casa Vida en Atlanta Georgia y a mi nieta Gabriela. Ellas con mucha entrega y amor me ayudaron a transcribir el material.

También quiero compartir mi más profundo respeto y agradecimiento a los Pastores Migdalia Rivera y Nelson Rodríguez de la iglesia Casa Vida en Atlanta, quienes me estimularon y apoyaron de una forma muy especial para que estas vivencias no quedaran en el olvido. Ellos, pusieron en mi camino a Lala Herrera, autora y escritora, muy eficiente y sierva de Dios que con mucho amor y dedicación revisó todo el material, me orientó y preparó lo que está en tus manos hoy.

Les deseo las más ricas y abundantes bendiciones, la recompensa del cielo está con ustedes.

CONTENIDO

13 Un aporte a la biografía del ministerio pentecostal

15 Una herramienta para decisiones fundamentales en el ministerio

17 Aviva el llamado de Dios en tu vida

19 Prólogo

21 Introducción

27 El llamado

37 Periodo de preparación

45 Momentos de decisión

57	Llegada
65	Empezar de nuevo
73	Nadia
85	Serás madre de muchos
93	Golpe de Estado
103	Embargo comercial
109	La escuela
119	Nuestros hijos
127	Personas de bendición

133	Supervisando la obra
141	Construyendo para la Gloria de Dios
147	Salud quebrantada ¡De repente!
151	Un alto para visitar Cuba
161	Conclusión
163	A quienes amamos
165	Biografía
167	Notas

UN APORTE A LA BIOGRAFÍA DEL MINISTERIO PENTECOSTAL

Por años hemos deseado que más miembros del ministerio tomen tiempo para escribir, dando a conocer sus experiencias en la obra. Es una manera de aportar al desarrollo de aquellos que se van integrando al ministerio pastoral. ¿Por qué nosotros? Es el aporte de los Pastores Ángel López y Pura Maldonado a la bibliografía del ministerio pentecostal.

En las páginas de este libro se desglosan las experiencias vividas por estos dignos compañeros, junto a su familia, en cuarenta y dos años de ministerio, tanto en el pastorado de varias congregaciones en Puerto Rico, como en la Región Misional de Haití, donde fueron Misioneros Representantes.

La sencillez y claridad con que se relatan las vivencias de nuestros hermanos en su quehacer ministerial, producirán en el lector una innegable identificación con lo vivido por ellos.

¡Enhorabuena!

HECTOR RIVERA RENTA
Pastor y escritor

UNA HERRAMIENTA PARA DECISIONES FUNDAMENTALES EN EL MINISTERIO

Hablar de mis padres forma en mí, un nudo en la garganta. Ellos han marcado mi vida de una forma poderosa e inimaginable pues más allá de ser mis padres, su testimonio ha sido la mayor carta abierta para mí.

Ser parte de este escrito es un gran privilegio, verlo hecho una realidad es el cumplimiento de una palabra dada a mi mamá Purita Maldonado y es el reflejo de años de ardua labor como pastores, misioneros y en todo lo que Dios ha puesto en sus manos.

Mi madre como mujer guerrera y de un valor incalculable, plasma cada vivencia en la vida ministerial con el deseo de activar la fe de aquellos que cargan un gran llamado.

Como hija conozco sus lágrimas, sus desvelos, sus sueños, sus anhelos y sobre todo el amor y la pasión que siempre ha tenido por Dios y su obra.

Creo que "¿Por qué Nosotros?" tocará muchos corazones que quizás estén pensando o divagando para tomar una decisión en su vida. Cuando Dios llamó a mis padres hubo muchas preguntas alrededor, más Dios hizo cumplir su plan y propósito para su vida y quiero plasmar con certeza que de la misma manera que lo hizo con ellos, lo hará contigo, ¡No temas!

Él te equipará con las herramientas necesarias y experimentarás que lo que Dios ha depositado en tus manos se hará una realidad. Hoy puedo decir sin temor a equivocarme que te gozarás de una experiencia que para mí y mis hermanos era el vivir diario con estos hermosos guerreros de la fe.

Normalmente, los padres se sienten orgullosos de los logros de sus hijos, pero hoy es diferente, puedo declarar lo orgullosa que estoy de tener unos padres, pastores, amigos, guerreros, paño de lágrimas, soporte espiritual... en fin, unos campeones de mil batallas.

A mi hermosa madre la Pastora Pura Maldonado quien logra uno de los sueños y propósitos de Dios en su vida, conviniéndose en una autora ¡Que sean muchos más los textos y enseñanzas que pueda plasmar para ayudarnos a crecer en Jesús!

NIMSY LÓPEZ
Hija

AVIVA EL LLAMADO DE DIOS EN TU VIDA

La vida misionera y ministerial es un compendio de retos constantes, requiere caminar en fe, vivir lo inesperado, pero sobretodo, nos lleva para ir con pasión a expandir el santo evangelio en ese lugar que Dios ha determinado, cumpliendo la asignación divina de "Id por todo el mundo y predicar este evangelio a toda Criatura" Marcos 16:15-18 RVR1960

¿Por qué nosotros? Es el reflejo de un corazón escogido por Dios para ejercer un llamado único y sé, que avivará el llamado de Dios en ti, dándote herramientas que aumentarán tu fe, impulsándote a creer que Dios también lo hará contigo.

Como yerno del Pastor y Misionero Ángel López y Purita doy fe de que cada relato de este escrito es la vivencia real de un gran hombre y una gran mujer de Dios quienes con su ejemplo y dedicación, junto a todos sus consejos y vida devocional, nos han inspirado a caminar en una vida familiar y ministerial de altura, creyendo siempre en las promesas de Dios para nuestra vida y la de nuestros hijos.

Ellos aceptaron el reto de decir "heme aquí señor" y ¿usted?

MICKY MULERO
Evangelista

PRÓLOGO

Ha sido un gran privilegio conocer personalmente a la Pastora Purita y su esposo el Pastor Ángel. Tan pronto supe de su deseo al escribir este libro, mi corazón dio un salto y es que con las experiencias de vida que ha experimentado la familia entera, no hay que quedarse con los brazos cruzados. Para mí es un privilegio del cielo y una oportunidad de tocar vidas con propósitos divinos ver este libro hecho una realidad.

En una ocasión tuvimos la oportunidad de tener a los Pastores Purita y Ángel en nuestra iglesia, trayendo palabra a través de sus testimonios. Al escuchar algunas de las experiencias vividas en Haití supimos que había más personas que necesitaban saber de la vida de esta gran familia.

Este libro cuenta historias reales de momentos buenos y malos, sin duda se trata del amor, favor y gracia de Dios que es derramada sobre aquellos que aman a Dios y sus propósitos.

Ver como sus hijos y nietos aman a esta pareja de Dios, saber que ellos fueron parte de estas vivencias y que hoy sirven al Señor; me permite afirmar nuevamente que Dios llama, bendice y no nos deja solos.

Me hace pensar también en lo que dice Mateo 20:16 RV60 "Así, los primeros serán postreros, y los postreros, primeros; porque muchos son llamados, mas pocos escogidos." De la misma manera, me recuerda a la cita de Mateo 5:9 RV60 "Bienaventurados los pacificadores, porque ellos serán llamados hijos de Dios."

La vida de esta familia es una muestra más de los propósitos de Dios con nosotros, nos permite ver que cuando le creemos todo estará bien. Cada detalle de este libro como "El llamado", "La preparación", "El momento de decidir", "Comenzar de nuevo" y otros temas, se parecen mucho a procesos que tú y yo hemos tenido que vivir y nos llevarán a darnos cuenta la presencia de Dios y su fidelidad ¡Nunca nos deja solos!

Viviré eternamente agradecida de Dios por poner de frente este maravilloso reto del libro "¿Por qué nosotros?" de la Pastora Purita y es que Dios no se equivoca cuando junta personas de propósito. El deseo de Purita lo hice mío y al compartir este anhelo con Lala Herrera, ella también lo hizo suyo poniendo sus talentos a disposición, logrando de esta manera el resultado y finalmente, lo que está en tus manos Dios lo ha hecho.

Es aquí en donde dice la palabra de Mateo 18:19RV60 "Otra vez os digo, que si dos de vosotros se pusieren de acuerdo en la tierra acerca de cualquiera cosa que pidieren, les será hecho por mi Padre que está en los cielos." Al tener este libro en mis manos, puedo decir que no hay duda que Dios siempre lo hace.

La oportunidad de vivir las experiencias que muy pocos escogidos experimentan, como el dejarlo todo para ir a vivir a Haití, convierte este libro en una novela impresionante para todos. Si Purita y Ángel han impactado mi vida con sus testimonios, sé que este libro lo hará contigo también.

Gracias Pastora Purita por confiar en el deseo que Dios puso en su corazón y en el mío, ahora podemos decir que vendrán mayores retos, pero con ellos muchas más bendiciones. El tiempo de Dios es perfecto y tiene grandes propósitos.

Los Amamos,

PASTORA MIGDALIA RIVERA
Senior Pastor CASAVIDA Atlanta

INTRODUCCIÓN

Queridos amigos lectores, por medio de este libro quiero compartir con ustedes algunas vivencias que por algunos años, después de llevarlas al papel a través de la inspiración del Señor, han estado guardadas.

Luego del derrame celebrar de mi esposo Ángel, pensé: "Si antes no había escrito lo que vivimos, ahora mucho menos"...pues cuido de él todo el tiempo, pero cuando Dios tiene planes con alguien, tarde o temprano esto se dará.

Después del huracán María en Puerto Rico en el 2017, todo se puso muy difícil y por arreglos de mis hijas Nimsy y Namsy, me traslade a Georgia. La condición de salud de mi esposo y aun la mía lo ameritaba, no obstante, a medida que pasaron los días me daba cuenta que todo había sido un plan de Dios.

En mi traslado traje conmigo los escritos, cada vez que los sacaba de donde los guardé en casa los miraba y me preguntaba: "¿Estas vivencias se quedarán en el anonimato o llegaran a conocerse?

La verdad es que yo necesitaba un estímulo, un apoyo, alguien que me ayudara a sacar esto del olvido y hacerlo fluir, pero el Señor no guarda nuestros sueños, contantemente Él me daba sus toquecitos como diciéndome: ¿Qué vas hacer?

El ultimo impacto que recibí antes de tomar acción fue a través de la Pastora Migdalia Rivera de Casa Vida Atlanta. En una de sus predicas sentí que lo que hablaba era directamente para mi y por eso, como introducción a ¿Por qué nosotros? Quiero compartir contigo su enseñanza.

El tema de su mensaje era "Planifiquemos el viaje"

> "Y cuando trajeron a tierra las barcas, dejándolo todo"
> **Lucas 5:11 RVR1960**

Es correcto y beneficioso planificar cosas que están dentro de nosotros y queremos realizar, hay planes que Dios tiene con nosotros, si no los realizamos y esperamos mucho, vendrán otras personas y los harán.

¡No temamos!
El Padre tiene la solución para que nos vaya bien.

A veces planificamos, pero no todo sale como esperamos, lo hermoso es que Dios va a prosperar el producto de nuestras manos, porque Él tiene cosas mejores. Dios nos va ayudar a cumplir lo que planifiquemos.

Si planificamos algo es porque creemos que se va a realizar ¡No nos detengamos!

> "Encomienda a Jehová tus obras y tus pensamiento serán afirmados".
> **Proverbios 16:3 RVR1960**

Yo quiero animarlos, si están dudando de su llamado o si ven imposible el camino que tienen que transitar ¡Dios tiene planes con ustedes y va a ponerlos en una barca que no se hundirá!

No podemos dejar que por el desánimo o el desorden no logremos lo que tenemos que hacer, hay que ser diligentes y planificar, el Señor lo dice en su palabra, Él quiere ayudarnos en todo aquello que sembró en nuestro corazón.

INTRODUCCIÓN

> "Te de conforme al deseo de tu corazón y cumpla todo tu consejo".
> **Salmos 20:4 RVR1960**

¡Decidamos, creamos y planifiquemos!
Hay algo en cada uno de nosotros que se tiene que dar.

Tras escuchar este mensaje, toda esta gama de comentarios parecían lanzas de bendición para mi vida. ¡Yo sentía que nuestra historia debía escribirse! Dios necesitaba contar nuestra memoria a aquellos que están dudando de sus llamados y que necesitan confianza para lanzarse a cumplir su propósito.

Luego de recibir esta exhortación, el Pastor Nelson Rodríguez, esposo de la Pastora Migdalia, leyó unos versículos que me acabaron de estremecer.

> "Y Jehová me respondió, y dijo: Escribe la visión, y declárala en tablas, para que corra el que leyere en ella. Aunque la visión tardará aún por un tiempo, más se apresura hacia el fin, y no mentirá; aunque tardare, espéralo, porque sin duda vendrá, no tardará."
> **Habacuc 2:2-3 RVR1960**

Tras haberlos escuchado, supe que esto era para mí, tenía que ser sensible a la voz de Dios y estar decidida a tomar acción.

Lo demás es historia, en sus manos tienen el resultado.

A lo mejor se preguntarán el por qué del libro ¿por qué se llama así? Una de las frases que retumbó en mi cabeza cuando comencé a escribir fue:

"¿POR QUÉ NOSOTROS?"

Esta justamente fue la pregunta que mi hija Nimsy nos hizo luego de enterarse de nuestro llamado y planes.

Debo ser honesta, en mi mente también la tuve muchas veces, yo también albergue en mis pensamientos estos cuestionamientos. En especial, cuando supe que tendríamos que ir a Haití, el lugar que menos esperaba y que tantas preguntas traía consigo.

Cuando el asunto está en los propósitos de Dios hay que estar en el marco de su voluntad.

Pero para poder entender la respuesta del título, es necesario leer todos los capítulos y poder ver la mano de Dios en cada minuto de nuestras vidas.

Cuando Dios pone la mirada en alguien para usarlo, no se equivoca. Él sabe que estamos aptos y que vamos a cumplir con lo que nos encomendará.

Una de las personas que vivió esto fue María la madre de Jesús. Seguramente en su tiempo, pudieron existir muchas mujeres como ella pero Dios hizo la selección correcta, ella cumpliría y seria el instrumento perfecto para el nacimiento de Jesús, el rey que llegó a este mundo con un gran propósito.

Estoy segura que en la vida de ella hubo muchos interrogantes: ¿Por qué yo? ¿Si no soy nada especial? ¿En qué se fijó el Señor para esta gran misión?

> Pero el Ángel le trajo palabras de consuelo, cuando le dijo: "No temas, porque has hallado gracia delante de Dios"
> **Lucas 1:30 NVI.**

¿Qué respondió ella?

> "He aquí la sierva del Señor; hágase en mi conforme a tu palabra".
> **Lucas 1:38NVI**

¿Por qué Nosotros?

Muchos con llamados para hacer una labor por el Señor se preguntarán lo mismo, pero no cuestionemos a Dios cuando Él nos da a entender que hagamos algo.

En los caminos del cielo no es como nosotros queremos, es como Él quiere y todo saldrá bien, vamos a aprender en el trayecto, a dejarnos usar para llevar almas al Reino de los Cielos

.

> "Después oí la voz del Señor, que decía: ¿A quién enviaré, y quién irá por nosotros? Entonces respondí yo: Heme aquí, envíame a mí."
> **Isaías 6:8 RVR1960**

1
EL **LLAMADO**

Dios, conociéndonos a nosotros, nos dejó saber que tenía planes con nuestra vida ¡Él no se equivocó!

Los que hemos tenido la experiencia de ser llamados por Él para trabajar en su viña, dudamos en nuestros pensamientos creyendo que Dios se ha equivocado. Pero esto no es así, Dios no comete errores.

Por otro lado, como humanos, fallamos a diario, la misma Palabra lo dice, siendo las consecuencias de nuestros errores, desastrosas e irreversibles.

"¿Quién podrá entender sus propios errores?, líbrame de
los que me son Ocultos"
Salmos 19:12 RVR1960

No obstante, en el caso de Dios, Él va a la segura. Su visión no es limitada, porque Él sabe de antemano el resultado de todo lo que nosotros vivimos y emprendemos.

Luego de que nuestro Dios puso en la mira nuestras vidas y nos escogió, también nos llamó. Si estamos dispuestos, Él nos va a preparar, capacitar y enviar, nunca nos deja solos.

En mi experiencia, cuando Dios nos estaba haciendo el llamado, estaba segura que era una equivocación. Y esto ¿por qué? Porque desde el primer momento en que Dios comenzó a hablarnos acerca de lo que quería que hiciéramos, fue bien específico, Él nos dijo: Haití es el lugar.

En el año 1973, fue a nuestra casa en Puerto Rico un evangelista muy querido, con el fin de saludar y cambiar impresiones después de no vernos por algún tiempo. Qué bueno es poder hacer partícipes a otros de las cosas que Dios hace para edificación del alma.

Mi esposo Ángel había sentido en su corazón la necesidad de visitar la República de Haití, con el propósito de ver a un ex compañero de seminario que Dios había llamado y estaba trabajando como misionero junto a su esposa.

Mientras hablábamos con el Reverendo le hicimos saber el deseo que teníamos de realizar el viaje. La respuesta de él fue determinada y segura: ¡Vamos para Haití! Enviamos una carta a quien estaba haciendo la obra en el lugar, aun sabiendo que era probable que no llegara a tiempo, gracias a que la inseguridad y deficiencia del servicio del sistema de correo hacia tardar más de quince días una entrega. Sin embargo, no hay nada imposible para Dios, nuestro envío llegó en tan solo cuatro días, permitiéndonos ver el favor del Señor en cada paso que dábamos.

Inicialmente, viajaron mi esposo y el evangelista, al llegar al aeropuerto en Puerto Príncipe; Haití, les estaba esperando el misionero. Cuando se encontraron, el sentimiento fue tal, que Ángel comenzó a llorar sin control sin entender la razón. Su estancia fue de gran bendición, fue un tiempo que permitió que visitara y conociera las obras de diferentes misioneros en el lugar.

La noche anterior de regresar a Puerto Rico, una misionera, le hizo saber a mi esposo que un hermano haitiano perteneciente a su congregación, había tenido un sueño donde le habían visto, a él (mi esposo) caminando por los montes de Haití junto a ellos. Ángel sonrió y no dio mucha importancia a lo que había escuchado, dejando pasar el tema y continuando con su cotidianidad.

Unos días después, el Señor con mucho amor comenzó a recordarle a través de pequeños detalles el sueño del hermano sobre Haití, haciéndole ver y gestando en él una inquietud que permitía discernir que no era un sitio de turismo o de paso, había algo más en este lugar para nosotros.

Cuando escuchamos la voz de Dios, somos dados a buscar confirmación o retroalimentación de personas cercanas que nos inspiren confianza, ¡Eso hizo mi esposo! Él me hizo partícipe de lo que venía pasando en su vida.

En ese momento mis palabras fueron: "no te preocupes esto te va a pasar, lo que sucede es que has venido muy emocionado después de ver lo que en realidad es Haití".

Querido lector, según mi experiencia y también, según lo observado en muchas personas a lo largo de mi vida, las emociones pasan y todo lo que va envuelto en ellas es efímero y no concluye en un buen resultado. Por eso, yo estaba segura que esto que venía pasando no era más que una emoción, pero, que equivocada estaba, a partir del momento en que Ángel me comentó lo que sentía, todo el tiempo recibíamos noticias o mensajes de situaciones relacionadas con Haití.

Fueron muchas las veces que sucedió esto, por ejemplo: en una actividad de confraternización de pastores, mientras un grupo de ellos charlaban acerca de diferentes tópicos, de momento mi esposo se quedó pasmado cuando uno de ellos dijo: "los mejores, sabrosos y más grandes mangos son los de Haití. De eso ya hemos disfrutado y es cierto".

En otra ocasión, mientras nos sentábamos con nuestros hijos a comer algo ligero en un restaurante de comida rápida, se ubicaron a nuestro lado unos muchachos universitarios, los cuales se encontraban animadamente hablando de un tema relacionado con Haití, todos nos miramos como preguntándonos unos a otros con la mirada, "¿habremos oído lo mismo?"

Una de esas historias ocurrió cuando mi hijo Obed tenía siete años, dado que en ese momento yo trabajaba fuera, mi tiempo era limitado, tuve que salir a toda prisa a comprarle una ropa para su último día de clases. Entré a la tienda e inmediatamente encontré una camisa que me gustó mucho, pero la puse a un lado y seguí buscando entre la mercancía, sin haber visto algo que me cautivara como esa primera, así que me devolví por ella ¿A qué mujer no le ha pasado lo mismo?; Cuando revisé el sello del cuello, lo primero que vi fue que decía "made in Haití". Aquello me impactó, más en esa ocasión no le presté mucha atención.

Otro día, en un momento de intercesión de mi esposo, sonó un gran ruido que lo distrajo, de momento se detuvo a escuchar y se dio cuenta que el sonido provenía de la habitación continua, en donde había un miembro de la familia con un televisor encendido reproduciendo una película con un dialogo en donde sus personajes planificaban un viaje a Haití.

Se repetía la historia y mi esposo hacía como María, todas las cosas las guardaba en su corazón.

En ese entonces, nosotros éramos miembros de una congregación pentecostal cuyo Pastor nos guió, aconsejó y tuvo que ver en nuestra decisión de trabajar en la obra; en ese momento, la iglesia estaba organizando un programa misionero para Haití y el más opcionado, por parte de los directivos de la iglesia, para asumir este papel era mi esposo, ante nuestros ojos todo parecía casualidad, pero en el Señor, esto no existe.

No siendo suficiente, seguía Dios insistiendo en el asunto, una de esas tardes Ángel llegó a casa sobre el mediodía y al encender el televisor, en ese mismo momento, se encontró con una película filmada en Haití. Para nosotros, todo se estaba convirtiendo en algo imparable y sobrenatural, es normal que diariamente en nuestra televisión se exhiban películas filmadas en México, Estados Unidos, España o en cualquier otro país; pero ¿en Haití?

Hermanos y amigos, cualquiera se estremece cuando vive esto y lo vuelve a recordar. Yo me senté a ver junto a mi esposo la película y al hacerlo, apareció en la pantalla el aeropuerto de Haití, mientras veía un letrero que iba subiendo con un grande "bienvenue", esto es bienvenido. Al lado, había un hombre moreno alto, con traje azul haciendo un gesto con sus manos que invitaba a sentirse cómodo y llegar al país. Mientras veía esto, yo pensaba "esto está tomando un giro serio". Pero la verdad es que lo que viene de Dios es serio y más en serio lo debemos tomar nosotros.

Hay cosas que suceden en nuestras vidas que nos señalan algo que por nuestra cuenta no esperamos lograr, afortunadamente el Espíritu Santo es nuestro ayudador.

En ese entonces, seguían los acontecimientos y cierta mañana, mientras mi esposo leía el periódico, le llamó la atención una noticia que decía: "Haitianos protestan frente a la alcaldía". Luego de observar con atención este título, él reaccionó y pensó: ¿por qué haitianos tienen que protestar en una alcaldía de Puerto Rico? Su respuesta quedó contestada de inmediato, cuando se dio cuenta que por error de imprenta se había escrito haitianos, pero originalmente era hatillanos, era una noticia con relación a un problema en el pueblo de Hatillo. Lo que para muchos en ése momento fue una equivocación, para nosotros no, lo tradujimos contundentemente como un asunto de Dios.

Una mañana bien temprano mi esposo se dirigió a resolver un asunto en el Departamento de Transportación y Obras Publicas en San Juan, Puerto Rico en donde hay cientos de personas haciendo turno para asuntos similares. De momento, vio acercarse a lo lejos un hombre alto moreno, el cual traía puesta una camisa blanca cuyo estampado llamaba la atención pero que por la distancia era imposible leer. Al acercarse a una distancia de 15 a 20 pies pudo ver que decía en letras grandes "Haití". Pasado un breve instante se giró para volver a verle, pero ya no estaba. En ese momento mi esposo se estremeció de manera inexplicable.

Otra mañana, mientras Ángel tenía otro periódico, su vista se posó sobre dos nombres, que resaltaban en la hoja que tenía en sus manos, su sensación fue tal como cuando algo cae y por accidente queda pegado. Él encontró dos nombres: Nicaragua y Haití. Lo especial de todo lo que vivíamos, es que siempre que este nombre se presentaba, de alguna manera nuestro corazón y todo nuestro ser se estremecía. De hecho, en esos mismos días en un centro comercial, al estar en una de sus tiendas favoritas, él tomó un canastillo para observarlo por su forma peculiar, encontrando en el fondo con grandes letras: Haití.

Cómo no recordar, una de esas noches en la que gracias a diferentes circunstancias, tuvimos que quedarnos a dormir en el hogar de mi suegra. Ella me proveyó una bata de dormir con un sello grande y vistoso que inmediatamente noté, al acercarme detenidamente a la etiqueta, en letras grandes decía: "Hecho en Haití". Amigo lector, sería imposible poder describir la emoción que sentí, siempre que me pasaba algo así mi corazón se salía de su ritmo normal y no era solo un sentimiento, yo sabía que era algo mucho más profundo.

Luego de muchos de estos acontecimientos, empecé a interesarme por lo que sucedía allí, quería saber todo de este lugar. Lo poco que había escuchado generalmente era negativo y una de mis grandes inquietudes era saber cómo se celebraban las reuniones de la iglesia, quería conocer si alababan a Dios como nosotros y cómo era su sistema de adoración.

Una noche decidí quedarme en mi casa y no ir al culto pues no me sentía bien de salud. Esto no era usual, difícilmente yo faltaba o falto a un servicio pero a causa de mi malestar me vi obligada a hacerlo.

Sintonicé en el radio una estación cristiana y al rato de estar escuchando, comenzó un programa con carácter misionero, que llamó mi atención puesto que era dirigido por un misionero que hablaba de una manera muy particular. Para mi asombro y confirmación de parte del Señor, esa noche estaba compartiendo sus vivencias de un reciente viaje en Haití. En medio de todo lo que narró, expuso una grabación de hermanas haitianas celebrando un culto en la provincia de Jeremie.

Algo que es hermoso de este pueblo y que luego pude experimentar por mí misma, es la dotación tan especial de voces que se levantan en la adoración, en cada una de sus interpretaciones parecían ángeles, de hecho su forma de exaltar a Dios suele ser muy espontánea y profunda. Allí, en un programa de radio, quedó contestada mi pregunta de ¿Cómo sería su forma de adoración a Dios?

Yo estaba impactada, cuando mi esposo llegó del templo corrí a contarle mi experiencia con el programa radial y solo tenía en mis labios palabras que hablaban de lo grande que es Dios. Desde ese momento en adelante, buscamos contactar con quien hizo el programa dando origen a una bonita amistad, permitiendo que este siervo del Señor fuera una inspiración y bendición para nuestro ministerio.

Queridos lectores ¿Creen ustedes que son casualidades todos los acontecimientos que vivimos en nuestra familia? No, no eran situaciones que buscábamos o deseábamos, sencillamente el Señor las ponía presentes de tal manera, que pudimos comprender lo que Él ya había decidido: ir a hacer la obra en Haití y para nosotros no cabe duda que verdaderamente fue un llamado de parte de Dios.

2

PERIODO DE
PREPARACIÓN

Los que han sido llamados por Dios y han logrado cumplir con ese deseo, se habrán dado cuenta que el Señor tiene un orden para todo. Dios llama, prepara, capacita y finalmente envía. Nuestra experiencia nos dejó ver que luego de ser llamados pasamos por un proceso de preparación.

De hecho, ahora que miro hacia atrás, me atrevería a decir que Dios empezó la preparación para su obra en nosotros desde nuestro noviazgo de cinco años.

Siempre estuvimos envueltos con nuestros pastores y líderes en el trabajo que el Señor nos permitió hacer. Acompañada de mi madre, pasábamos sábados y domingos dedicados a dar escuelas bíblicas de extensión y visitar los hospitales.

En esos años, las puertas de un hogar familiar fueron abiertas para que la palabra de Dios llegara, junto a dos clases más en otros lugares, estas reuniones fueron el comienzo del desarrollo de mi esposo: Ángel M. López y yo, en su obra.

Aun yo no había terminado mis estudios, prioridad que le puso mi padre a Ángel antes de pensar en alguna otra cosa. Él comenzó a sentir la inquietud de ir a estudiar al Instituto Bíblico Mizpa, mientras tanto yo terminé mis estudios y me gradué, para ejercer la profesión de secretaria. Cuando ambos ya estábamos trabajando luego de nuestra formación académica, Dios proveyó todo lo que necesitamos y en Enero 31 de 1970 nos casamos. Desde ahí el Señor comenzó a bendecirnos y proveernos cuando así lo íbamos necesitando.

El día de la boda, una amiga cercana, fue la persona seleccionada para preparar el bizcocho o pastel de boda. El recurso monetario que era escaso como para confeccionar el mismo en un nivel extra especial. Cuando nos sentamos para hablar del pastel de la ceremonia, nuestra amiga nos manifestó que su vecina hacía unos muy deliciosos, por lo que iba a pedir su ayuda para la realización de la torta, nuestras finanzas estaban justas para los ingredientes y si iba a hacerse algo especial, tenía un costo que no podíamos pagar. ¿Cuál fue la sorpresa? Cuando nos casamos, en el lugar de recepción, el bizcocho había sido hermosamente decorado ¡Era deslumbrante! Algo que estoy segura es que en el proceso de este detalle, ángeles adiestraron las manos de aquellos que hicieron este pastel para nosotros.

He aprendido desde muy joven que debemos pedir al Señor que recompense a aquellos que nos ayudan y ponen su granito de arena con sus dones y talentos. Todos los milagros y actos sobrenaturales de Dios pasan para que Él se glorifique, no hay que preocuparnos sobre lo que vendrá mañana, su amor esta delante de nosotros, Él sabe lo que va a pasar y mientras nos mantengamos en sus caminos, su Gracia siempre nos va a ayudar.

Desde el comienzo de nuestra relación nos mantuvimos alerta a lo que Dios quería. Una de las primeras experiencias pastorales fue en un pueblo de Loíza. Si han podido visitarlo o saber de algo de este lugar, el 99% de sus habitantes son de raza negra. De hecho, nosotros, le llamamos Haití de Puerto Rico, ya que muchos de los aspectos de este lugar se parecen a aquel en el que servimos por muchos años al Señor.

La primera pregunta que recibimos antes de ser enviados a éste lugar fue: ¿Son racistas? ¿Tienen algún inconveniente en trabajar junto a personas de color? En ese momento nuestra respuesta fue "no", pues ciertamente no existía ningún tipo de problema; los mejores amigos de mi esposo en su niñez y juventud eran personas de color; para nosotros, no existía barrera que nos estorbara para relacionarnos y trabajar con personas morenas, añadiendo que delante de Dios todos somos iguales y somos sus hijos al actuar como Él.

Fuimos a pastorear a lugares en Puerto Rico en donde era común tener apagones de luz durante varias horas de la noche, en estos sitios no había servicio de acueducto, teníamos que prever y mantener agua reservada en cubos y botellas para el consumo diario. Esto no era fácil para nosotros, pues siempre habíamos vivido en el área metropolitana, lo que nos llamaba la atención es como nos adaptabamos a cada situación nueva que nos tocaba vivir, principalmente yo, que era hija única, criada en un ambiente de suma protección y acostumbrada a tener todo a la mano.

Aunque no lo percibamos de esa manera, son estos pequeños detalles los que Dios va formando en nosotros cuando verdaderamente nos llama. En cuanto a la provisión, rápidamente aprendimos a soltar las cargas y confiar en el Señor sabiendo que nunca llegaba antes ni después, Él siempre llega a tiempo.

Hubo momentos, como pueden existir en cualquier hogar, que no había alimento en la casa. Pero primero que nosotros, el Señor lo sabía y siempre nos ayudaba en nuestras necesidades, lo importante del proceso es que nosotros nos cuidamos de no tener quejas o estar descontentos y siempre esperamos confiados a que Él tomara acción.

En una ocasión estando mi esposo desempleado y apoyando en el copastorado de una de las iglesias en Trujillo Alto, salió a orar al templo, en esa misma mañana yo tenía en mis manos la única y última botella de leche para nuestra hija Namsy, de menos de un año.

Yo solo dije: "Señor, sabes que es la única leche que queda para alimentar a mi hija", comencé a darle de tomar y en ese mismo momento escuché la voz de mis padres que llegaron a visitarnos. Cada vez que ellos nos acompañaban, lo primero que yo hacía era servirles su tasita de café. ¿Qué podía hacer en ese momento, cuando no tenía ni café, ni leche?

Algo que yo hacía era cuidar de no comentar nuestra situación económica con ellos, no les hablaba si tenía necesidad pues siempre estaba esperando en el Señor. Después de saludarnos me preguntaron por mi esposo y yo respondí: "ya mismo llega, voy a ir poniendo el agua para el café, ¡espero que él lo traiga!". Estas eran palabras de fe, pues la verdad ni siquiera sabia cuando iba a regresar y menos si iba a comprar café, pues no tenía ni un centavo en el bolsillo.

Después de ello, mi padre se levantó de inmediato y se dirigió a un negocio cercano, allí compró no solo el café y la leche sino algunos artículos adicionales. Aquel día Dios proveyó como Él quiso y mis padres, que fueron los instrumentos de bendición, ni siquiera se enteraron de lo que había sucedido.

Otro de esos momentos sobrenaturales que viví estando en Puerto Rico en nuestro tiempo de preparación ocurrió una mañana, en la que, estando sola con mi hija y no teniendo nada, mientras limpiaba la mesa del comedor, vi un vapor blanco en mi cuarto, como cuando una paloma alza vuelo. Sorprendida, me acerqué a ver que era y encontré algo que no había imaginado ver en este lugar: ¡Un billete de $5.00! En ese momento, su valor era mucho mayor del actual y esto apareció allí, de la nada como una provisión directamente traída del cielo. Esto sin duda fue un milagro realizado por el Señor, yo sabía que no había dinero en el hogar y la aparición de esta provisión hizo que yo me gozara, me edificara y diera gracias al Señor por siempre estar pendiente de todo aquello que nosotros íbamos viviendo.

No puedo pasar por alto uno de los tantos días en que Dios se glorificó mientras pastoreamos en una iglesia de Puerto Rico. Un domingo en la mañana nos levantamos para ir a la escuela dominical, yo preparé el último café que quedaba y nos dirigimos al templo. En la reunión nos olvidamos por completo que no teníamos más provisión, estábamos tan felices en la presencia del Señor, que lo demás pasó a un segundo plano. Al terminar la escuela dominical, me quede ensayando con la agrupación en el templo, no tenía con qué cocinar por lo que no había afán de salir del lugar, de repente, escuché que un hermano llegó llamando a mi esposo.

Quien llegó, era una persona que hacía muy poco había conocido del Señor, se encontraba ardiendo con el poder De Dios en su vida y en esos días había recibido una compensación económica del Estado. Lo impactante, es que desde el momento en que la recibió, él sentía en su corazón que Dios le hablaba y le decía constantemente: "hazle compras a mi siervo", mientras le ponía la imagen de mi esposo, su Pastor.

Horas antes de llegar, tomó un carro y comenzó a llenarlo de provisiones, luego lo llevó con Ángel y con una sonrisa en sus labios dijo: "Pastor empiece a subir estos paquetes, pues son para usted y su familia". Yo les puedo asegurar que ni siquiera cuando ganamos buenos sueldos, habíamos logrado hacer una compra como aquella. Aquel hermano había seleccionado artículos como si conociera a la perfección lo que consumíamos y nos gustaba. Esto era curioso, pues nunca había subido a la casa pastoral, por lo tanto desconocía cualquier detalle de esta índole. Sin embargo, Dios si, Él conocía todo lo relacionado a nosotros y sobre todo la gran necesidad que teníamos, glorificándose con un gesto de amor, una vez más.

Existieron momentos en los que hermanas de la iglesia venían de visita y se llevaban a mis hijos para comprarle ropa y zapatos, esto siempre sucedía cuando nosotros lo estábamos necesitando.

Por todo el proceso que el Señor nos permitió pasar vimos su mano, ahora podemos entender el porqué de cada paso que transitamos. Qué bueno es aprender de todo lo que vivimos ya sea "positivo" o "negativo".

Es importante que busquemos la mejor vista a lo que enfrentamos y que tengamos un corazón agradecido, pues siempre hay un propósito de Dios para cada una de nuestras vivencias.

¡Alabado sea!

3
MOMENTOS DE **DECISIÓN**

Si alguna vez han pasado por momentos en los que hay que tomar una decisión, saben muy bien que no es fácil; una determinación puede cambiar el curso de nuestra vida y afectar profundamente la de los demás.

Después de tener la seguridad del llamado de Dios y sus planes para nosotros, comenzamos a ver cómo nos fue preparando, aun cuando menos lo esperábamos. Cuando pasamos por procesos en nuestra vida que no hemos programado, pero sentimos paz, es necesario que le permitamos al Señor guiarnos; tarde o temprano llegará el momento de tomar una decisión que nos ubique en la perfecta voluntad del Señor.

Hay un asunto que tengo que compartir, pues estaría omitiendo un detalle de importancia que precisamente es un eslabón que une todos estos acontecimientos; finalmente, la historia es historia y no se le puede quitar nada; a principios del año 1985, los misioneros que se encontraban en Haití, sentían que su tiempo estaba finalizando allí. Ante esto, se levantó la duda ¿Quién seguiría con aquel trabajo que por tantos años había costado luchas y sacrificios? En el corazón de la hermana misionera ésta fue una pregunta que le inquietaba constantemente, ella quería conocer a quienes Dios tenia para continuar la obra que ellos habían comenzado.

Es bien sabido que no son muchas las personas que manifiestan que tienen el llamado para ir a lugares como Haití. De hecho, hay quienes aun teniendo la voz del Señor guiándoles, lo guardan en secreto y se mantienen ignorándolo o contendiendo con el Señor. Yo entiendo a quienes viven esto, pues yo misma pase por el mismo proceso. Como les comenté antes, años previos a seguir nuestro llamado, mi esposo había hecho una breve visita a Haití y por tanto había conocido personalmente a este par de servidores.

Más adelante, estando en Puerto Rico, la misionera, estuvo hospitalizada por problemas en su salud; mi esposo fue a visitarla y a compartir con ella.

Debido al deterioro de su salud, un grupo de intercesores se reunió para orarle a Dios sin descanso, hasta que les mostrara quién era la persona que iba a asumir la obra en esta tierra. Tras un buen tiempo de reflexión y adoración, entrada la media noche, el Espíritu Santo se manifestó de una forma especial hablándoles, diciéndoles que la persona que Él había escogido para ir Haití, se llamaba Ángel López.

A los pocos días de conocer la voluntad del Señor, la hermana nos estaba visitando en la iglesia que pastoreábamos. Nos buscó con la intención de tantear nuestro sentir y allí fue en donde tomamos la decisión final, tras los trámites necesarios en la Oficina de Misiones de la iglesia, salimos con nuestras dos hijas para Haití. Obed, nuestro hijo mayor se quedó para poder terminar su escuela junto a una hermosa familia que lo recibió y quienes cuidaron de él con un amor y dedicación muy especial.

En Abril de 1.985 ya estábamos ubicados en Haití.

Comenzar no fue nada fácil, no hablábamos Creol, no conocíamos a nadie, no sabíamos nada de nada, pero estábamos allí y Dios sí sabía. Las experiencias no fueron las mejores, pero a pesar de ello, todo fue bueno porque Dios siempre estaba y está con nosotros.

Al llegar, teníamos bajo nuestra supervisión cincuenta y seis personas, en su mayoría jóvenes que vivían en el orfanato del lugar, algunas ancianas y dos familias. Estando allí, esperaban por nosotros para suplir el alimento diario, la leña para cocinar y la provisión para sus necesidades. Uno de nuestros grandes retos era el presupuesto, pues no alcanzaba ni para la mitad de todo lo que teníamos que hacer.

Algo que siempre voy a testificar es la manera sobrenatural como Dios nos suplió. No me olvido de uno de esos días que nos levantamos sin tener provisión para nadie. A la 1:00 p.m., salí al balcón en el segundo piso y en ese preciso momento estaba pasando un avión que venía de Puerto Rico.

Cuando lo vi, pensé en mi interior: "Señor permite que en ese avión venga alguien que nos supla la necesidad que tenemos" solo dije eso y una hora después escuchamos en el portón principal que llamaban ¿Cuál fue nuestro gozo?, acababan de llegar unos hermanos que venían cargados con alimentos y de todo lo que necesitábamos para ese día y más ¡Sea Dios Glorificado!

Hubo otra experiencia que inicialmente fue muy triste para todos, pero gracias a la intervención divina tuvimos la victoria. Un día, cuando mi hija pequeña Namsy tenía siete años, la enfermedad tocó nuestra puerta, la temperatura de su cuerpo subía de manera alarmante, su tez estaba pálida y temblorosa, no paraba de vomitar.

Unos amigos que estaban con nosotros y habían vivido buen tiempo en la zona, basados en su experiencia, nos dijeron que muy posiblemente tenía Malaria. Con algunas indicaciones, salimos en búsqueda de un médico para que pudiera ayudarnos. Al llegar, basado en los síntomas, confirmó lo que nos habían dicho. Le prescribió un medicamento y luego de mandar a hacer algunos exámenes de sangre nos citó para el día siguiente. Ese día fue desesperante, mi hija se deterioraba más y más, su rostro era cada vez más cadavérico, sus ojos se habían hundido exageradamente y su piel parecía quebrarse. Pasé toda la noche a su lado poniendo compresas de agua fresca sobre sus manos y cabeza, ya que con ello parecía sentirse mejor; ella por su parte, estuvo todo el tiempo diciéndome: "mami mira hacia arriba, mira qué lindo", en mi interior yo pensaba, "¿Será que los ángeles vienen a buscarla?"

Tras horas en esta situación mi corazón no aguantó más, me tiré al piso casi debajo de la cama y comencé hablar con Dios. En una oración desesperada y sentida decía: "Señor, estamos aquí en Haití, no por capricho, no por voluntad propia. Entiendo y estoy segura que nos trajiste, queremos obedecerte y serte fiel, pero Señor, mi hija, se está muriendo, se me va, tú la estás viendo. Si verdaderamente es así y tú nos trajiste aquí, te pido, te suplico, que la sanes y levantes, gracias Señor".

A las cuantas horas, llegaron unos hermanos misioneros y evangelistas que trabajaban en una misión americana cerca del lugar en donde nosotros estábamos. Ellos venían de la montaña, habían durado varios días realizando unos trabajos de construcción para familias pobres, venían cansados, con ropa de trabajo, deseosos de llegar a su hogar para bañarse, comer y descansar, pero el Señor los desvió y fueron a parar a nuestra casa. Cuando entraron a la habitación en donde estaba la niña y les comente la condición, lo primero que dijeron fue: "¡Tomémonos de las manos y vamos a orar!".

Allí, alrededor del cuerpo de mi hija que cada vez parecía más débil, se elevó una oración saturada de lágrimas y compasión, fortalecida con una gran fe y confianza. Ahora que veo hacia atrás, asumo que el trono de Dios se estremeció y una vez más Dios se glorificó, aquella habitación se inundó de tal forma de la presencia de Dios, que parecía era un cielo pequeño; su Espíritu Santo se manifestó y lo negativo de aquella enfermedad tuvo que tomar otro rumbo. Desde ese mismo instante, la condición de mi niña empezó a cambiar, pudo pasar la noche tranquila y al otro día en la mañana, como habíamos quedado, nos dirigimos al médico para ver los resultados de la sangre.

Antes de salir, en el primer piso de la casa, se reunieron un grupo de damas de la iglesia, todas vestidas de blanco, presentando un servicio de oración y ayunando por la salud de mi hija, después de orar con ellas, salimos a la oficina médica, cuando el doctor nos recibió, con los resultados en la mano, los miraba una y otra vez, teniendo en su cara un gesto de interrogación nos daba a entender que algo pasaba. Una frase de exclamación irrumpió el silencio: "¡No puede ser!, esta niña vino ayer con todos los síntomas de la malaria y en los resultados, todo salió negativo," ¿Qué paso? ¡Gloria al Señor! Nosotros sabíamos lo que había sucedido, solo nos restaba adorar y agradecer a Dios ¡El gran médico divino, había obrado de nuevo!

Debido a algunas diferencias y factores que se salían de nuestras manos, luego de tres meses de estar en Haití, tuvimos que volver a Puerto Rico. A las pocas semanas, estábamos instalados en una iglesia de un pueblo recóndito que ni yo sabía que existía, fueron cinco años en ese lugar en el que tuvimos grandes victorias y logramos levantar el entusiasmo de una congregación ferviente.

Sin embargo, aún con el paso del tiempo, el corazón de mi esposo seguía ardiendo con relación a Haití. Fueron muchas las veces que en la noche lo encontrábamos hablando con el Señor y orando por esa pasión que sentía en su interior. Afortunadamente, Dios no para de trabajar en nosotros, mientras estábamos en medio de un campamento de jóvenes, Ángel recibió una llamada de Claribel, una joven apasionada por el Señor, ella le dijo: "varón, ¿tiene usted algún llamado al campo misionero o algo así? Mi esposo, muy precavido le contestó con otra pregunta ¿A qué se debe tu pregunta? Ella le afirmó: "hermano, el Señor me muestra que está usted ansioso, Él le dice que esté tranquilo ya que pronto la puerta se va abrir".

Decidimos esperar, teníamos expectativa de lo que se estaba gestando para nuestra vida y una de las oraciones, antes de llegar a un congreso de Misioneros, fue la siguiente: "Señor hoy es un día decisivo, dinos si quieres que nos movamos a otro lugar, que nos quedemos aquí o confírmanos si en verdad nos necesitas en Haití" En la mañana, durante el culto y mientras se ofreció un receso para desayunar sucedió algo que no esperábamos, el Director de Misiones, llego y mirando por una de las puertas laterales alcanzó a vernos, se acercó a nosotros y nos preguntó: ¿Todavía tienen algún sentir por Haití? Solo por un momento, imagínese nuestra reacción ¿Qué creen que podíamos contestar? Sin más preámbulo, yo misma le dije: "Hermano Elías, Haití se hace presente a diario en nuestras vidas, hemos querido olvidarlo pero Dios nos da a entender que no es eso lo que quiere que hagamos.

El reverendo fue claro con nosotros y nos hizo saber que la obra estaba en deterioro, que no aparecía nadie que quisiera trabajar allá y que si estábamos dispuestos, nos daría unos días para pensarlo, dialogar y luego reunirnos con él en la oficina para tomar una decisión.

Durante ese lapso volvió a circular el torbellino del llamado y todo lo que rodeaba una decisión como ésta, por nuestra parte oramos a Dios y esperamos. Un par de días después tuvimos una reunión , antes de ir allí yo sentía en mi corazón que algo estaba por suceder y justamente por ese motivo le oré a Dios que no quería emociones, que quería su dirección. A lo largo de mi vida he visto mucha gente que se la pasa llorando, conmovida por algún país, pero luego todo se olvida y algo que tenía claro es que no quería ser una más.

Durante la reunión se hizo un desfile con las banderas de los diferentes países, y cuál no sería mi sorpresa al ver que la primera que salió era la bandera de Haití. ¡Salió incluso antes que la de Estados Unidos, Puerto Rico o la misma bandera cristiana¡, eso nunca había pasado.

Cuando quien dirigía el evento nombró Haití, mi corazón saltaba en mi interior, seguido de eso, se me formó un nudo en la garganta que parecía que me ahogaba, me mantuve quieta para que mi esposo no se diera cuenta de lo que me estaba pasando, sentía que todo aquello iba a salir por mis ojos, aquel tiempo pareció una eternidad y cuando transcurrió todo el programa e hicieron el llamado para que pasaran a recibir oración quienes lo necesitaban, mi esposo me invitó y pasamos adelante.

Al llegar al altar quedamos justo frente de la bandera de Haití, mi esposo le preguntó a un hermano: ¿Qué bandera es esa? y el hermano le dijo: la de Republica Dominicana, pero mi esposo no conforme, la abrió e inmediatamente leyó: "En la unión esta la fuerza", lema que tiene la bandera haitiana en francés, se aferró a ella y no sé cuánto tiempo pasó, mientras lloraba como un niño. Al terminar el evento, salimos decididos a empezar hacer arreglos para lo que Dios quería: volvíamos a Haití.

Cuando tomamos una decisión firme y segura que tiene que ver con agradar a Dios y hacer su voluntad, el infierno se estremece y ahí comienza la lucha, la guerra espiritual, pero si nos ponemos fuertes y decididos, venceremos en su nombre.

> "Resistir al diablo y huira de vosotros"
> Santiago 4:7. RVR1960

A medida que pasaban los días, seguíamos haciendo preparativos para la salida. Nuestros hijos ya estaban conscientes del cambio que nos esperaba, de hecho, Nimsy llena de preguntas se enfrentó a Ángel, su padre y le dijo que no iba a ir, le comentó que ella había hecho arreglos y tenía con quien quedarse para continuar sus estudios. No era cómodo lo que estaba sucediendo, ella tenía 16 años. Tratamos de hacerle entender lo que Dios nos decía a lo que ella respondió: ¿por qué el Señor no llama a otra gente? ¿No es mejor un matrimonio sin hijos? ¿O personas jubiladas?

Desde nuestra perspectiva, entendíamos que una decisión así requería mucho sacrificio y nada de lo que dijéramos, podía calmar las tempestivas emociones de nuestra hija; por esa razón, decidimos no mencionar nada más relacionado con el viaje de Haití frente a los niños. Decidimos que si verdaderamente Dios nos había llamado y confirmado, Él iba a hacer la obra completa, al fin y al cabo, Él es muy ordenado y de alguna manera iba a traer solución a todo este asunto, lo entregamos a Dios y descansamos.

Luego, en la iglesia, un hermano que no sabía nada de nosotros llegó a predicar, al comenzar a hablar el mensaje que tenía en su corazón, repetía palabras viendo a los ojos a nuestra amada hija; sin nosotros decir nada, habló de los cuestionamientos que le hacemos a Dios, recuerdo escucharle hablar lo siguiente: "... muchas veces cuestionamos a Dios cuando Él nos llama y le preguntamos, ¿por qué tenemos que ser nosotros? Cuando Dios llama no mira edad, raza, condición social, etc."

Al principio, Nimsy estaba segura que su padre le había dicho al predicador lo que estaba pasando, y el mensaje continuaba, Dios siguió usando aquel siervo y mi hija ya no cuestionaba, sino que al terminar el mensaje estaba de cabeza en el altar llorando y cuando se levantó abrazo a su papá y le dijo: "vamos para Haití papi". Esta vez, en unidad familiar y sin tener claridad de lo que se venía, nos seguíamos preparando.

Uno de esos días, mi hija Nimsy empezó a quejarse de un dolor en el lado izquierdo, entre el vientre y costado. Anteriormente esto le había pasado, pero no al nivel que en este momento sentía por lo que decidimos llevarla al médico quién nos dijo que parecía estar relacionado con el vaso, sus palabras fueron: "Si esto le vuelve a suceder, tenemos que hacer una cirugía". Un par de horas después, el dolor se hizo aún más agudo, tanto, que casi no podía respirar. Yo fui a su cama, ore por ella y juntas le pedimos al Señor que tomara el control.

Allí estaba yo, con mis manos sobre el vientre de la niña diciendo: "Señor estoy ante tu presencia presentándote mi hija, mira el dolor que la atormenta, tu sabes que estamos en los últimos arreglos para salir a trabajar en Haití, te pido, te suplico que la sanes. En tu nombre, Amén".

Estuve con ella dos o tres minutos, la arropé y me moví a mi cuarto donde comencé a cantar: "Levántate y sana en el nombre de Cristo" de repente sentí que alguien de una manera muy suave, entró detrás de mí, al voltearme, encontré a mi hija Nimsy llorando; enseguida pensé, "Dios mío tendremos que irnos al hospital", pero no era así, entre lágrimas logró articular palabra y me dijo: "¡mami, mami creo que el Señor me sanó!, cuando tu terminaste de orar, trataba de levantarme, abrí los ojos y no podía, pero lo más impresionante es que sentí como un remolino caliente que me entraba por el lugar del dolor y ya no lo siento." Yo salté e inmediatamente le dije "eso fue que el Señor te operó y te sanó", Allí empezamos las dos a dar gracias a nuestro fiel y amoroso Dios.

Al día siguiente se levantó para ir a la escuela y al tratar de abotonarse la falda sintió que estaba inflamada, cuando me lo hizo saber yo le repetí que el Señor la había sanado, no obstante, fuimos al doctor que conocía del Señor, para confirmarlo. Al verla, le hicieron un sonograma y algo que llamó la atención de quien estaba realizando el procedimiento fue que en la pantalla de la máquina, en el área del vaso, donde ella había sentido el dolor, aparecía una cicatriz como de operación. Nosotros sabíamos que había sucedido, después de esto estuvo tres días, como si hubiera sido sometida anteriormente a una anestesia y se encontrara en recuperación, tras ello mi hija siguió muy bien. ¡Gloria a Dios!

El Señor puede estar tratando con nosotros durante un largo tiempo para que entendamos lo que Él quiere hacer en nuestra vida, sin embargo llegará el momento de tomar una decisión: ¿Qué responder al llamado de Dios? Si o no, afrontando y asumiendo las consecuencias de elegir un camino.

Son muchas las personas que siguiendo su comodidad han ignorado el llamado y hoy en día su vida no es la misma, ¿Qué excusas hay para evadir lo que Él te ha dicho que hagas?:"No, Señor, espérame a que mis hijos terminen sus estudios o se casen", "espera Señor que compre mi casa"o "espera Señor que me acaban de ascender". No permitan que les suceda lo que expresa el poema "Pasó la siega":

El placer del año pasaste
Afanoso: cuando yo llamaba
No oíste mi voz...
¿De qué sirve ahora mi remordimiento?
¿Qué será del trigo que no se juntó?[1]

Le oro al Señor para que el día de tomar la decisión sobre su llamado, pueda responder como dice el rey David:

> "El hacer tu voluntad Dios mío me ha agradado..."
> **Salmo 40:8 RVR1960**

4
LLEGADA

LLEGADA

A pesar de los inconvenientes que nos impidieron seguir la obra en nuestro primer viaje a Haití, Dios nos permitió regresar y llegar a la hermosa tierra morena. Allí estábamos, dejando la cultura, el idioma, las costumbres, comodidades; no es fácil, de hecho, no es lo mismo contarlo o leerlo, que vivirlo.

Debo aceptar que muchas veces sentimos deseos de regresar a Puerto Rico, en especial cuando algunos hermanos se nos acercaban y nos decían: "han venido en el peor momento, los rodean muchos peligros y problemas" como dice el dicho boricua "¿con esos truenos quien duerme?"

Al llegar, nuestra primera gran barrera fue el idioma. En Haití se habla el creol, un dialecto que entremezcla el francés, español y africano. El gran interrogante era: ¿Cómo nos comunicaremos con la gente? ¿Será necesario un intérprete todo el tiempo?, aún para las cosas pequeñas no teníamos cómo expresarnos para ser entendidos.

A todo esto, nuestros hijos se seguían relacionando con los demás hermanos haitianos que nos rodeaban. Dado que el lugar donde estábamos era como un cuartel general, todo el mundo llegaba allí y siempre había movimiento de gente.

Los jóvenes son tan despiertos, nuestros muchachos aprendieron el idioma primero que nosotros; de hecho, la primera que vimos que comenzó hablar el creol con soltura fue Nimsy ¡Fue algo instantáneo!, a los seis meses de haber llegado hablaba con los habitantes de la zona perfectamente. Incluso, los mismos haitianos le preguntaban el nombre de la escuela a la que había ido para aprender, ella les decía que esto no había sido así, pues era el Señor quien lo había hecho, como es de imaginar, a las personas les costaba creerle. Si hay algo difícil al llegar a otro país es no poder comunicarse, es frustrante saber que aún para las pequeñas y más básicas cosas hay que pasar un gran trabajo.

El tema de hablar con personas que no se encontraban en Haití y que vivían lejos de nosotros, también representó un reto, pues el tener teléfono en casa, no era sinónimo de poder llamar fuera del país. A los días de haber llegado, quisimos avisar que el viaje había sido exitoso y salimos a una de las oficinas telefónicas cercanas, mientras esperábamos se nos acercó un caballero alto que nos miraba con intensidad, por sus facciones, pensábamos que era hindú. Cuál fue nuestra sorpresa cuando se nos acercó y nos preguntó: "¿De dónde son? Al contestarle su expresión fue: "¡Boricuas!" Él también era puertorriqueño y hacía un año que estaba en el lugar, trabajando para el Señor. Este Pastor, cuya familia Dios puso en nuestro camino para acompañarnos y bendecirnos, ha sido parte de nuestra vida con una larga amistad que aún hoy en día está vigente.

Su núcleo cercano y él, nos acompañaron y enseñaron los lugares más seguros para realizar las compras, recibir correspondencia y demás labores locales; incluso, en una ocasión en la que me encontraba muy enferma, postrada en cama, llegaron y su esposa me preparó una sopa de esas que levanta el ánimo a cualquiera. Estos son detalles que los llevamos guardados en nuestro corazón y con mucho agradecimiento, no es agradable estar en un país alejados de nuestros familiares y en momentos así, Dios siempre pone a nuestro alrededor la iglesia, nuestra familia de fe, que está para manifestarnos su amor y cuidado.

Debo contarles, queridos lectores, que después de haber ido a un supermercado por primera vez, me escandalicé y preocupé a la vez. Los precios de algunos artículos de consumo común eran tres veces mayores de lo que estábamos acostumbrados a pagar en Puerto Rico, sentada en mi hogar comencé a preguntarme: "Dios mío, ¿cómo vamos a subsistir en este lugar? Mis hijos están en plena adolescencia y les da mucha hambre, sobre todo en horas intermedias en donde buscan dulces, galletas o algo sencillo entre comidas; en Puerto Rico hay promociones para ese tipo de alimentos, pero aquí eso no existe... ¿Qué vamos a hacer?"

Mientras estaba en ese dialogo con el Señor, tomé la Biblia y la abrí en donde Jesús está orando en el Getsemaní, delante de mis ojos encontré las siguientes palabras:

"..Yendo un poco adelante, se postró sobre su rostro, orando y diciendo: Padre mío, si es posible, pase de mí esta copa; pero no sea como yo quiero, sino como tú"
Mateo 26:36 RVR1960

Al leerlas, sentí algo especial en mi interior, ¡ahí tenía la respuesta!, aquello no era lo que yo había programado para mi vida, pero si lo que el Señor había planeado, solo me restaba hacer su voluntad que de lo demás Él tendría el control; en ese mismo instante, una paz me inundó y no me preocupe; de hecho, hasta el día de hoy, Dios nunca nos falló ni lo hará.

El choque cultural no faltó en toda la familia, ver personas orinando, haciendo sus necesidades en la calle sin escrúpulo era abrumador. Podíamos encontrar un hombre desnudo en cualquier esquina de la ciudad, ver mujeres bañándose delante de todos, incluso encima de los techos de sus casas.

Nuestra vivienda estaba ubicada en un segundo piso, a diario veíamos familias aseándose con aguas turbias y contaminadas, las mismas aguas por cierto, que inmediatamente usaban para lavar sus utensilios de comida y ropa. Créanme amigos lectores, esto iba en contra de cualquier concepto de limpieza u orden que yo conociera, era difícil aceptar y mucho menos entender lo que a diario presenciábamos.

Era doloroso ver hombres descalzos, sin camisa arrastrando carretones con todo tipo de carga, llevando todo el peso sobre sus espaldas. Ver como las mujeres desempeñaban cualquier tipo de labores, incluso aquellas que tenían gran esfuerzo físico; de hecho, llega a mi memoria una de ellas, quien vendía agua, su jornada comenzaba desde las 6:00 de la mañana, hasta que el sol se ponía, cargando pesados cubos en su cabeza para venderle al que así lo solicitaba.

Algo que me sobrecogía en gran manera, era ver a las tempranas horas de la mañana, la multitud de gente tratando de tomar un vehículo para llegar a su trabajo o escuela. En cada pequeño espacio del automotor había alguien, incluso, era común ver personas suspendidas en el aire aferradas con sus manos a la parte trasera del carro para poder ir de un lado a otro. De resto, quienes no alcanzaban a subir, se les veía caminando grandes distancias con el fin de llegar a su destino.

Nadie podía quedarse en su casa esperando a que le llegara algún cheque o cualquier tipo de ayuda, todos tenían que salir a buscar el sostenimiento de sus hogares y eso hacía que la competencia fuera agresiva; en la calle se encontraban diferentes tipos de artículos, si ellos notaban que había un extranjero, se encargaban de hostigar e incitar la compra de aquellas cosas que ofrecían, aprovechándose y cobrando muchas veces el doble o triple de su verdadero valor.

Esos primeros años fueron de mucho aprendizaje y adaptación, la mano de Dios siempre estuvo sobre nosotros ayudándonos a cada instante.

De hecho, algo que nos motivaba a diario era ver el resultado del poder de Dios a través de la obra. Cuando cambiamos la perspectiva, lo más sencillo o pequeño adquiere un valor especial.

Yo titularía esta etapa "la dimensión desconocida del llamado de Dios", ese tiempo en el que no se puede ver lo que va a venir, en el que parece que los cambios son lentos, incluso, en el que las quieren hacernos ver que no fue la mejor elección; no obstante, eso no nos debe desenfocar, el Señor siempre se glorifica y a través de todas estas vivencias nos permite reconocer lo que significa su obra en nosotros.

5

EMPEZAR DE NUEVO

Lo que no se atiende, no se mantiene; de hecho, si no se dedica el tiempo y los recursos adecuados, no hay nada en esta tierra que a causa del descuido no se deteriore.

El lugar al que llegamos, pertenecía a una obra que tenía treinta y siete años de fundada, luego de este tiempo, pasaron cinco años en los que ningún misionero hizo presencia constante, motivo por el cual, la planta física en donde estaba ubicado el templo central, el orfanato y la casa misionera, se encontraban en deterioro y completamente inhabitables.

Cuando llegamos, no había una casa para que pudiéramos estar cómodamente en familia, no teníamos recursos adicionales y tampoco contábamos con personas que pudieran brindarlos; afortunadamente, las ideas nunca faltaron y Dios se encargó de ayudarnos, Él nunca nos falló.

En este tiempo, uno de los versículos que más hablaba a mi corazón y me estremecía era el siguiente:

> "Reedificaran las ruinas antiguas, y levantaran los asolamientos primeros, y restauraran las ciudades arruinadas, los escombros de muchas generaciones".
> **Isaías 61:4 RVR1960**

No hay mejor empresa que la que funciona bajo la guía del Señor; para nosotros, no fue fácil comenzar, siempre se nos presentaba algún reto para sortear o enemigos que se oponían a nuestro caminar, aún con todo ello, en Jesús, siempre éramos victoriosos.

El lugar al que llegamos estaba rodeado de aguas negras, materia fecal y todo tipo de basura; a nuestro lado, el vecino era brujo y estaba acostumbrado a dejarnos sus desechos en el terreno que habitábamos.

Un día, cansados de la situación, mi esposo Ángel, se dirigió a él para llamarle la atención y hacerle caer en cuenta que lo que hacía no era correcto, con gran valentía y sensatez, sus palabras fueron: "¿Usted piensa que lo que está haciendo está bien? ¿Se ha fijado que el lugar en donde deja su basura es propiedad privada? Este lugar, aunque no se encuentre en sus mejores condiciones, va a ser reestructurado y posiblemente en algún momento exista una escuela en donde sus nietos puedan asistir y sean educados."

Dios siempre es fiel, Él respalda las acciones de sus hijos, es más, a los dos o tres años todo lo dicho por mi esposo fue hecho realidad; el hombre nunca volvió a poner sus desperdicios en nuestro terreno y siguió siendo nuestro vecino, saludándonos cada vez que nos encontrábamos.

Poco a poco fuimos organizando la casa, una de las situaciones que nos abrumaba constantemente, era que cuando llovía, el patio se inundaba, no sólo con el agua de lluvia, sino también con aguas negras llenas de esfínteres y por lo tanto, mosquitos, plagas, mal olor y barro contaminado.

Una noche, mi esposo captó un sonido que hizo que saliera a investigar los alrededores y cuál no fue su sorpresa al descubrir que los vecinos, para impedir que sus patios se inundaran, habían cavado unas fosas que desembocaban justo al lado de nuestra casa ¡Esa era la razón!, nuestro terreno se inundaba rápidamente porque todo el agua de los alrededores caía allí; afortunadamente, una vez identificado el problema, unos amigos haitianos y nosotros, nos unimos para poder tapar dichos huecos con rapidez.

Por otro lado, una particularidad que experimentamos, era relativa a la llegada de diferentes pastores que arribaban de sus provincias a cualquier hora y sin aviso, exigiendo un lugar en donde dormir, comida y nuestra atención para irse temprano al día siguiente; esto no era lógico para nosotros, por lo que con mucho amor, fuimos enseñando y poniendo orden a cada aspecto del lugar. Establecimos que cada pastor o iglesia que tuviera algún problema o necesidad, se reuniría primero con los directores de sus distritos; no fue fácil generar los cambios, pero se logró. Entendíamos que ellos buscaban una palabra de aliento de un misionero extranjero, pero era necesario llevar todas esas necesidades a un sistema, para que estuviéramos satisfechos.

Vivimos muchos percances, pero en todos ellos el Señor fue nuestro auxilio, otro de ellos que nos causó dolor y mucha inquietud fue el orfanato, este había estado funcionando bajo el ministerio de los misioneros fundadores, pero al no estar presentes, quedó un grupo de muchachas que no tenían a quién rendir cuentas de lo que sucedía en el lugar. Estas jóvenes, tras durar cinco años solas, perdieron las nociones de Jesús en sus vidas, no mantuvieron sus principios y cuando llegamos, nos encontramos que tanto en la casa misionera, como en sus predios, podía entrar quien quisiera, a la hora que deseara. Al interior del lugar, había un teléfono que estaba abierto al público, el mismo que recibía llamadas constantemente de todo tipo de personas, tomamos la autoridad sobre el aparato, lo ingresamos a nuestra casa y al contestar, era común escuchar insultos y las palabras soeces de aquellos que buscaban hablar con las jóvenes.

De la misma manera, la indisciplina que ellas tenían era algo que Dios nos permitió solventar, las muchachas no tenían un horario de ingreso a la casa y gracias a los diferentes problemas que se presentaron, establecimos que la hora en la que la puerta se cerraba era a las 8:00 p.m. En un principio era común verlas tratando de burlarse y escapando las nuevas condiciones, buscaban saltarse la reja para ingresar al lugar, era una situación exasperante en la que sentíamos la opresión del enemigo, haciéndonos la vida imposible.

Una de esas noches, tras largas jornadas de oración, nuestra hija Nimsy tuvo un sueño, en él, veía como la familia se encontraba en una casa sobre unas grandes columnas, al ver por debajo de ellas, grandes sapos, culebras y monos saltaban, muchos de ellos con el rostro de varias de las niñas que estaban en el orfanato. Al otro día, ella nos comentó su sueño, entendimos que Dios nos preparaba para una limpieza en el lugar, sabíamos que había una puerta abierta al enemigo y el resultado, era lo que día a día vivíamos.

Muchas personas nos han preguntado si alguna vez vimos brujas volando, demonios en persona, zombis o gente convertida en animales, pues es lo que comúnmente se relaciona con Haití, en nuestro caso, no lo vimos; sabemos que existe, pero en zonas específicas, el enemigo tiene muchas formas de manifestarse y hacernos la guerra para que salgamos huyendo; en nuestro caso, lo que vivimos, pudo ser más grande y horrible que otro tipo de manifestaciones, pero la palabra siempre es y ha sido nuestra fortaleza, en ella encontrábamos aliento:

"Por lo demás, hermanos míos, fortaleceos en el Señor, y en el poder de su fuerza. Vestíos de toda la armadura de Dios, para que podáis estar firmes contra las asechanzas del diablo" "Por qué no tenemos lucha contra sangre y carne, sino contra principados, contra potestades, contra los gobernadores de las tinieblas de este siglo, contra huestes espirituales de maldad en las regiones celestes." "Por tanto, tomad toda la armadura de Dios, para que podáis resistid en el día malo, y habiendo acabado todo, estad firmes".

Efesios 10:13RVR1960

Dios siempre nos dio la victoria, aunque derramamos muchas lágrimas y tuvimos que clamar fuerte, pudimos verlo operando a nuestro favor como solo Él sabe hacerlo.

¡Gloria a Dios! Una obra de tantos años y un lugar dado por Jesús mismo, no podía quedarse en cenizas.

6
NADIA

Cuando llevábamos dos meses y medio en la republica de Haití, sucedió algo que nunca imaginamos vivir, nos estábamos estabilizando y poco a poco trabajábamos para convertir el lugar en donde estábamos en una casa habitable para una familia; todos dormíamos en un solo cuarto que durante el día era transformado en sala, comedor y cocina; no obstante allí estábamos, esperando cada día cumplir con lo que el Señor quería que hiciéramos.

Una mañana, una de las muchachas del hogar llegó con la triste noticia del fallecimiento de una hermana de la iglesia debido a una anemia crónica que la mantuvo casi tres meses en cama. Con mucho dolor, continuó diciendo que la situación de esa familia se complicaba aún más debido a que su esposo quedaba a cargo de cinco niños sin tener quien le ayudara a cuidarlos, entre ellos, había una pequeña de seis meses que a causa de la falta de cuidado y lactancia, se encontraba grandemente desnutrida y las posibilidades de sobrevivir eran pocas. Al terminar de contar toda esta historia, quien nos traía esta noticia preguntó: ¿Si les traen la niña a ustedes, la reciben?

Nosotros en medio del suspenso a sabiendas de la gran responsabilidad que era una decisión así, en especial con las condiciones que estábamos viviendo, respondimos al unísono y sin preguntar más: "¡Si!"

Algo curioso y realmente sobrenatural es que semanas antes habíamos recibido una carta por parte de un miembro de la congregación anterior, en el mensaje encontramos la frase "¡Felicidades por el nuevo bebé!", algo que en ese momento era insólito y extraño pues no estábamos esperando bebés, mucho menos buscando. Yo me preguntaba, "¿es una broma?, no puedo tener más hijos, no entiendo el sentido de este comentario, a lo mejor fue un error, o una manera de distraer a quien podría encontrar esta carta que por cierto, en su interior tenía una ofrenda".

Un par de semanas después, teníamos a Nadia, una bebe de seis meses en nuestro hogar.

Tras haber enterrado a su mamá, Apollon Agustin el papá, volvió a la realidad y supo entonces que iba a tener que tomar una decisión que no era nada fácil. Sus condiciones de vida eran paupérrimas y como todo padre que ama a sus hijos y que está dispuesto a luchar, al darse cuenta que él no podía hacer nada por la niña, decidió entregárnosla.

Ese momento es tan claro en mi mente, llegó en los brazos de su hermana de catorce años, junto a sus otros hermanitos varones ¡Era un escenario triste! No obstante, allí estaban, esos dos ojos negros grandes y saltones, que al ver a mi esposo llenaron su corazón de calma, dando la sensación de conocerse desde siempre; en ese instante, la bebé abrió sus bracitos para abrazarlo a él. Fue una escena tierna y trascendental, solo Dios podía permitir que experimentáramos y viviéramos algo así.

Llegó con pocas pertenencias: un tetero, un vaso plástico y tres camisitas que debido a su uso, se encontraban desgastadas y en mal estado. Desde el primer día se adaptó al ambiente de nuestro hogar; en un principio, su salud estaba muy deteriorada, tenía el vientre duro e hinchado, no podía dormir y lloraba todo el tiempo, nosotros la alimentábamos con agua y un poco de azúcar debido a que su cuerpecito no toleraba la leche.

No puedo negar que la situación era difícil, ya nos estábamos preocupando pero decidimos acudir a la fuente de vida inagotable, le hablamos a nuestro Dios con seguridad y franqueza de la siguiente manera: "Señor si tú has permitido que esta niña llegue a nuestras manos, es porque hay un propósito; mira la condición de su salud, estamos haciendo todo lo que está a nuestro alcance, pero la niña no se está recuperando. Si tú la trajiste a nosotros, tú la vas a sanar; confiamos en ello desde este momento". Luego de la oración, la niña fue sanada, su vientre recuperó la normalidad, esa noche pudo dormir y al otro día le dimos su primer medida de leche sin ningún problema.

Al poco tiempo, su hermana fue a verla, su emoción era imposible de contener, la niña se levantaba y se sentaba, era algo que ella nunca había visto que sucediera. Recién se encontraron, sus palabras en creol fueron "Leve, kampe" que quiere decir "se levanta, se para". Fue una sorpresa para ella ver aquel cambio inmediato, la gloria es de Dios pues ella había sanado y estaba en pie gracias al inmenso poder y la bondad de Su amor.

Nadia siguió creciendo e inundó el hogar con alegría y esperanza, mis hijas sentían que era una hermanita menor, por lo que cuidaron de ella de una manera especial. Sé que la llegada de esta bebé fue un regalo de Dios, pues antes de irrumpir en nuestro hogar, era común ver a nuestros hijos pendientes de cualquier avión que proviniera de Puerto Rico, pero cuando Nadia llegó a casa, la atención de todos se centró en su cuidado.

Un año después, en Septiembre de 1991, hubo un Golpe de estado en Haití y por instrucciones de la Embajada Americana tuvimos que volver a Puerto Rico. Debido a que no teníamos documentación de la adopción, ella no pudo salir con nosotros, así que fuimos obligados a tomar la difícil y dolorosa decisión de dejarla al cuidado de una pareja de confianza y una de las niñas del hogar.

Los primeros días de Nadia sin nosotros fueron difíciles para todos, nos fuimos llorando y ella no quería comer, constantemente preguntaba por Nimsy y Namsy. Tras llamar un par de veces y saber lo triste que se encontraba, nos reunimos en familia y le oramos a Dios, le pedimos que tomara control de la situación, que nos diera la paz y tranquilidad, sabiendo que Él cuidaría de ella. Duramos unos cuantos meses por fuera hasta que pudimos ingresar nuevamente al país y en todo este tiempo el Señor siempre proveyó para lo que necesitábamos, nos ayudó para enviar dinero para el sostenimiento de ella y de las personas que se quedaron en nuestra casa.

Uno de los días en los que estuvimos fuera, sin poder entrar, nos quedamos en Santo Domingo en el hogar de un ministro, quien al escuchar nuestra situación y el afán que teníamos de enviar provisiones y saber de Nadia, decidió ir junto a un Pastor de nombre José, para ayudarnos a hacer llegar la provisión. Antes de salir, le dimos una cámara con un rollo para que le tomara unas fotos a Nadia y de esta manera, poder ver como se encontraba.

Durante esos días, se conmemoraba una fecha importante, por lo que la vigilancia en la frontera y los demás lugares era más exigente que nunca. Cuando los hermanos llegaron al lugar, entregando todo lo que le habíamos dado, nos llamaron y contaron como estaba todo, mientras hablábamos el Pastor dijo "misión cumplida", este término, que fue dicho a manera de broma y desenfadadamente, fue interpretado por la persona que interceptó la llamada de manera negativa. Al colgar, se acercaron a ellos, los tuvieron bajo vigilancia y al día siguiente cuando iban llegando a la frontera, en el puesto de policía los esperaba un grupo de militares con armas largas apuntándoles; ellos fueron detenidos mientras todos sus objetos y pertenencias fueron requisados.

Al ingresar a la cárcel, fueron desnudados, quedaron únicamente en ropa interior y metidos en una celda pequeña junto a sesenta hombres y un espacio para hacer sus necesidades frente a todos, ¡qué horror!, mientras tanto, en casa, no teníamos noticia alguna, ya habían pasado dos días desde que esperábamos su llegada y la ansiedad se hacía más grande. La familia de ambos ministros estaba preocupada y yo sin tener idea de lo que estaba sucediendo, sentía en mi corazón las palabras "la cárcel, la cárcel".

Recordé cuando Pedro, el apóstol de Jesús había sido puesto tras las rejas y la actitud de oración que hacia la iglesia mientras tanto, así que le dije a mi esposo, vamos a orar por ellos y dijimos: "Señor tú sabes la misión que estaban cumpliendo tus hijos, era tiempo de enviarle provisión a nuestra hijita Nadia y a los que la cuidan, además que era necesario hacer llegar la ayuda a los pastores que están en el lugar. Nosotros no podemos entrar ahora mismo, tú sabes en dónde están ellos, los estas mirando, sabes cuál es la dificultad que estamos enfrentado. Dios, te pedimos que antes que el reloj marque las 6:00p.m., podamos tener comunicación o noticia alguna que nos tranquilice, por favor Señor". Después de elevar este clamor y dar gracias a Dios, terminamos de orar a las 5:45p.m., cinco minutos después, a las 5:50 p.m., sonó el teléfono, el hijo del Pastor Ismael lo tomó y cuando escuchamos que dijo "papi", el alma nos volvió al cuerpo, lo único que nos alcanzó a decir era que estaba en la frontera dominicana y nos hizo saber que al llegar nos contaría lo sucedido.

Luego de la media noche llegó, se dio un baño y nos contó toda su odisea. Algo que agregó, es que tras haber pasado por ese lugar, se habían acumulado grandes victorias, oró por varios presos enfermos, les animó en la fe y dejó la semilla del evangelio en aquellos con quien se cruzó.

Haití es un país que se ha caracterizado por su inestabilidad política, a lo largo de nuestro servicio, tuvimos que salir en diferentes ocasiones bajo las instrucciones del gobierno, afortunadamente, tras esta experiencia, nuestra primera acción luego de haber vivido ese golpe de Estado fue agilizar los trámites para la adopción, ella era parte de nuestra familia, mis hijos la querían como su hermana y todas las atenciones eran para ella. No estábamos dispuestos a someternos a otro desprendimiento familiar como el que habíamos experimentado y en donde ella había sufrido tanto.

Para hacerlo, fue necesario hablar con su padre, la tramitología fue un proceso largo y burocrático, pero afortunadamente, contamos con la mano de Dios, finalmente, los papeles fueron firmados.

Todo esto sucedió a finales del año 1993, justo en este momento, se escuchaba el rumor de una invasión al país, razón por la cual, nuevamente teníamos que salir, para poder viajar con Nadia, aún nos faltaban dos documentos. Así que, viendo que nos quedaba poco tiempo, al día siguiente, fuimos a la embajada para poder solicitar cualquier tipo de visa o de permiso para salir con ella. Al llegar allí, justo ese día, la embajada acababa de cerrar su funcionamiento. Quién nos recibió, una oficial americana, nos dijo que si estuviera en su dominio, nos ayudaría a agilizar los trámites, pero que no podía hacerlo. Namsy mi hija, se fue a una esquina a llorar, todos estábamos preocupados, pero Dios le dio una idea maravillosa a mi esposo, así que él le preguntó a la oficial: "¿Sería posible hacer esta petición desde la Embajada Americana en Santo Domingo?", ella se quedó pensando brevemente y enseguida contestó, "claro que sí, todo está en que pueda pasar la niña al país contiguo".

Seguimos haciendo los papeleos, el cónsul de Republica Dominicana en Haití nos ayudó, pero al día siguiente, en la frontera, había disturbios y no se podía transitar a través de ella. Sentí como si todo se nos fuera de las manos, perdí el aliento, no obstante me levanté, el Señor me fortaleció y seguimos intentando. Si Dios nos había enviado Él iba a traer solución a todo, Él iba a terminar la obra que había empezado.

> "estando persuadido de esto, que el que comenzó en vosotros la buena obra, la perfeccionará hasta el día de Jesucristo"
>
> **Filipenses 1:6RVR1960**

Decidimos realizar los trámites por vía aérea, gracias a Dios fue posible y dos días después viajábamos con Nadia hacia la capital Dominicana. Estando en la embajada americana en Santo Domingo, los papeles fueron extensos. Por más de una semana estuvimos visitando el lugar sin tener una respuesta final, en esos momentos fui a Dios, me puse de rodillas y le derramé mi alma diciéndole que ya que Haití estaba pasando por uno de sus momentos más difíciles, me permitiera y abriera la puerta para llevar a mi hija Nadia a Puerto Rico. El día de la cita final, llegó, según la embajada, saldríamos con la visa. Nuestra fe necesitaba obras, por lo que esa misma tarde, ya teníamos pasajes para nosotros y la niña, con destino a Puerto Rico. Llegamos muy temprano, esperamos en una sala y lentamente pasó una hora, luego dos, hasta que se hizo tarde para nuestro viaje preparado. Tras mucho tiempo, salió una mujer americana, quien con pocas palabras nos dijo que teníamos que llegar a hacer la tramitología restante en Puerto Rico, ¡nos había sido concedida la visa!, sentimos como se caía un gran peso de nuestros hombros. Salimos del lugar para el aeropuerto, aunque perdimos el vuelo, Dios obró a nuestro favor y nos lograron ubicar tres plazas para el siguiente día, sin pagar recargos ¡Gloria a Dios!

Ya en el aeropuerto, nuestras diferencias de color con la niña llamaron la atención, cuando los oficiales vieron nuestros papeles, se dieron cuenta que había un error y nos retuvieron sus documentos. No obstante, una de las personas se interesó por nuestro caso y tras varios retos, nos entregó una visa humanitaria, que años más tarde le brindó la residencia de Estados Unidos a nuestra linda Nadia.

Fueron muchos los incidentes y las pruebas de fe que batallamos con ella, una de ellas, ya frente al último tribunal, en donde estábamos para dar la aprobación final a todo el papeleo de adopción que traíamos desde Haití, en esa corte pasó algo sobrenatural. Nos sentaron en las sillas de los testigos para contestar preguntas a la juez, y en un momento dado, mientras ella iba preguntando y la trabajadora social le contestaba, llegó a sus manos un álbum de fotos de todos nuestros recuerdos con la niña. Cuando la juez empezó a hojearlo, pudimos notar claramente que se veía sorprendida y conmovida al extremo de que sus ojos se llenaron de lágrimas, inmediatamente, su rostro se levantó y aprobó todo el procedimiento ¡Gloria a Dios!

En la fecha presente, Nadia ya es adulta, vive en Puerto Rico y tuvo un proceso escolar normal, siendo reconocida por lo sobresaliente de sus notas y su carisma. Siempre ha soñado con poder regresar a su país, trabajando en lo que se ha preparado para ser: una enfermera, ayudando de esta manera a sus demás hermanos y familia. Nuestra intención ha sido apoyarla siempre en todo lo que hace, pero también, sembrarle el temor a Dios.

Una de sus historias en su caminar personal con el Señor, siempre me recuerda el amor y la presteza con la que nos habla a todos, estando en la iglesia, sintió una mano grande en su pecho que entró y retiró algo; en ese momento, ella sintió tal libertad, que su voz se elevó con gritos de adoración. Tras esta experiencia, ella no paró de contar a todo aquel que la escuchaba, como Dios le había hablado, su alegría era tal que parecía que estaba en el aire.

Nadia ama envolverse en actividades que promuevan el entusiasmo en los jóvenes como también se goza en trabajar con los niños, al escribir estas líneas ha estudiado dos profesiones: secretaría y enfermería.

En el 2010 nos acompañó con la ayuda humanitaria que llevamos a Haití luego del gran terremoto, pudo compartir con su familia y ayudar a muchos. Un año después, Apollon, su papá biológico falleció, en esa ocasión estuvimos todos compartiendo y apoyando esta hermosa familia.

Esperamos y creemos que Nadia sigue fluyendo a través de la bendición divina y voluntad del Señor **¡Gloria a Dios por su vida!**

7
SERÁS MADRE
DE MUCHOS

¿Cuántas mujeres han tenido la bendición y el privilegio de vivir la experiencia de ser madre?, ya sea físicamente o emocionalmente, el papel de madre tiene un gran peso.

Recién llegados a Haití, recibimos la visita de un ministro de Puerto Rico, luego de compartir y hablar en familia, oró por todos nosotros y cuando llegó a mí, puso sus manos sobre mi cabeza, dijo un par de palabras, entre ellas, una frase que me impactó en sobremanera: "serás madre de muchos", entendiendo la gran responsabilidad que esto conlleva, fui conmovida hasta las fibras más profundas.

Yo me vi en lo natural, tenía 40 años y pensé, ya no puedo tener más hijos. Así que dejé a un lado el comentario, me reí como Sara, la esposa de Abraham y sin entender el plan de Dios, me olvidé del asunto y continué con mi vida como lo venía haciendo.

Tras años de esa palabra y ver hacia atrás, puedo decir que hay muchas personas que he acompañado y que aunque no han nacido de mi vientre, sí he sentido una responsabilidad y un amor en el corazón como una madre verdadera. Me he preocupado, he orado y he hecho lo posible para llenar algunas de las necesidades de quienes vienen a nosotros.

Esto no solo sucedió con Nadia, de quien ya conocen la historia y por quien derramamos más lágrimas que con nuestros hijos naturales, también hay muchos más que vinieron a nosotros e impactaron nuestra familia con tal fuerza que aún se encuentran en nuestras oraciones.

El orfanato es uno de los lugares en los que más personas llegaron buscando ayuda y queriendo una palabra de Dios. Hubo un día, en el que una de las niñas, Adela, llegó a la casa misionera con gran preocupación, su rostro estaba tenso, sus manos entrelazadas, todo nos dejaba ver que algo estaba pasando. Ella se había criado en el lugar, pero para ese entonces ya estaba casada y tenía una niña de dos años, Adela tenía una gran angustia en su pecho, desde que su hija había nacido, ella se dedicó a criarla pues no quería que su experiencia de orfandad se repitiera en ella. Esta decisión tenía un alto costo económico para su familia, sin embargo, en los últimos días, se había enterado que nuevamente estaba embarazada y ni sus planes ni su economía, podían dar lugar a un bebé. Yo apurada comencé a hablarle, oré por ella y el Espíritu Santo comenzó a ministrar y aconsejar para que ella identificara que todos esos pensamientos podían traer raíces de rechazo al bebé en el vientre, oramos juntas y finalmente ella dio las gracias, soltó la carga, se fue en una actitud diferente y con un amor especial por el fruto de su vientre.

A lo largo de nuestra vida hemos conocido muchas esposas de pastores que al vernos se ponían muy felices, siempre que íbamos a sus casas se les veía llenas de agradecimiento buscando entre sus cosas cualquier presente para darnos, recibimos de sus manos limones, gallinas, mangos, verduras, y muchas otras cosas. Es muy especial, pues cada vez que nos encontrábamos con sus familias, sentíamos una experiencia similar como cuando los hijos vienen a visitar a sus padres y le quieren agradar de alguna manera. De nuestra parte, también sentíamos la necesidad de dar y siempre que el Señor nos permitía, buscábamos la manera de dejar algo para bendecirles sabiendo que a pesar de tener muchos hijos, o necesidades, siempre estaban esforzándose por cumplir la obra que les había sido entregada.

Del mismo modo, pudimos acompañar los cuatro hermanos de Nadia, al morir su madre, su papá hizo lo mejor que pudo para poder responder por sus necesidades, sin embargo, hay situaciones que solo el corazón de una mamá puede notar y cuando yo lo veía, trataba de tender la mano y estar pendiente de ellos.

También vivimos la muerte de la esposa de un ministro allegado, ella era madre de cinco hijos quien al morir, quedaron sin la guía para enfrentar las vicisitudes de la vida. En su adolescencia, estas jóvenes se acercaron a mí para buscar apoyo, inmediatamente mi visión hacia ellas cambió y comencé a verlas como mis hijas.

Cuando yo estaba dándoles la mano a aquellos jóvenes y niños, tenía siempre en mi mente el apoyo que mi familia dio a mis hijos cuando por circunstancias ajenas a nuestra voluntad, tuvieron que irse a Puerto Rico sin nosotros. En esos momentos, hubo hermanos que estuvieron siempre en la disposición de dar su amor hacia ellos, esto hacia que yo entendiera y valorara lo que podía hacer frente a quienes venían a nosotros.

Constantemente tenía en mi mente diferentes escenas en las que alguien nos había dado una mano, así que comenzamos con mi esposo a buscar la manera de ayudar a quienes se nos acercaban. Con mucho entusiasmo recogía tendidos de cama, toallas, artículos de uso personal, ropa, zapatos, útiles para la escuela, entre otras cosas, para entregar a quienes venían a nosotros junto con alguna ofrenda, ¡qué feliz me ponía al verles llegar con alguna esperanza, sabiendo que ya estaba realizada!

Una de las jóvenes que acompañamos, Michma, una niña muy bonita y agraciada, pasó por un gran peligro. Gracias a los descuidos en la alimentación, se le desarrolló un gusano de varios metros en su intestino, la llegada de este parásito causó que su periodo menstrual desapareciera, se hinchó y la ansiedad de comer aumentaba cada vez más. Le comentamos la historia a un misionero que estuvo de paso por nuestras tierras, a su vez, él le contó a su doctora y le preguntó qué podía hacer para salvarla, ella le dio la medicina para la niña. Al preguntar el valor del tratamiento, ella dijo que no tenía precio, pues sentía mucha compasión por su historia y su corazón fue movido para sembrarlo en su salud. Cuando tuvimos el medicamento en nuestras manos, se lo suministramos con mucho cuidado durante un par de semanas, finalmente, ella pudo expulsar el gusano y a los pocos días su salud se vio recuperada por completo. Desafortunadamente, cuatro años más adelante, ella falleció a causa de un golpe recibido en la cabeza al caer de una bicicleta, no obstante, nuestra confianza es saber que en el cielo podremos vernos nuevamente.

También aprendimos a querer como hijos a Gardy y Serch pues nos decían "mami" y "papi". Estos jovencitos los conocimos en el año 1991, fueron muy cercanos a una pareja de misioneros de la zona, luego de irse, ellos buscaron refugio en nosotros hasta que independizaron sus vidas. Algo que recuerdo de Gardy, era su constante compañía, apenas nos veía haciendo cualquier actividad, quería realizarla por nosotros. Además, parecía nuestro guardaespaldas, siempre estaba detrás de nosotros cuidándonos y ayudándonos, hoy en día es un hombre muy educado, pero sobretodo un gran cristiano.

Cada vez que ayudábamos a alguien que tuviera un bebé o un niño, en agradecimiento volvían y nos traían fotos de sus hijos con la bendición. Todas estas, aún las conservo y son un recuerdo muy importante para mí.

Desde que fundamos la Escuela Cristiana Puerto Rico en Haití, mi corazón adquirió una responsabilidad especial, mientras pude, busqué todo aquello que fuera de utilidad para el trabajo del lugar, un día, escuché al secretario decir que era "la mamá de la escuela"

Yo podría seguir nombrando diferentes personas y trayendo recuerdos particulares de esta misión, siempre habrán más historias para rescatar. Ahora que veo hacia atrás, puedo decir con toda satisfacción que sé lo que se siente y lo que me quiso decir el Señor en el momento que me dijo: "Serás madre de muchos."

Nuestro Padre de los cielos es tan hermoso ¡**Alabado sea su nombre!**

8
GOLPE DE ESTADO

GOLPE DE ESTADO

Haití es un lugar de una lucha política constante, es un país que se ha caracterizado por los horrores de la guerra civil, los golpes de Estado, enfrentamientos, violencia, muertes y ataques. Uno de los momentos más terribles e inolvidables que vivimos fue el golpe de Estado que sucedió en septiembre de 1991, momento en el que el pueblo se levantó para derrocar al presidente Jean Berthrand Aristide.

Era domingo, disfrutamos del servicio de adoración a Dios y al terminar, continuó la tarde seguida de fuertes lluvias que no cesaban, justamente, a causa de las mismas, el agua había inundado la casa misionera, impidiéndonos bajar al primer piso para cualquier actividad adicional. A media noche, un estruendoso ruido nos levantó a todos, afuera sonaban disparos, gritos, lamentos, vehículos corriendo de un lugar a otro con desenfreno. Luego repicó el teléfono, al otro lado se encontraba un reverendo de Puerto Rico, que era misionero en Haití, como nosotros y nos confirmó la noticia, un golpe de Estado al presidente actual.

Como familia nos quedamos en el lugar, el cansancio y el sueño nos vencieron hasta que amaneció. Al otro día, me asomé por la ventana y no podía ver a nadie, excepto un tanque de guerra con un soldado que apuntaba a todos los lugares con su rifle, a su lado circulaban varios militares, se oían sonidos de fusiles y detonaciones sin cesar.

En ese lapso, era común que mi familia y yo, nos lanzáramos al piso para evadir los disparos que parecían atravesar la casa. Frente a nuestro hogar, unos soldados le explotaron los cristales a un vehículo, su ruido fue tal, que pensamos que había sido en nuestro terreno; a causa del humo de las llantas quemadas y de tanto disparo, la visibilidad era mínima.

El país quedó completamente paralizado, no hubo comercio, todo tipo de transporte cesó, no había forma para ir de un lugar a otro. El aeropuerto suspendió su labor, las fronteras cerraron y el toque de queda fue tal, que nos obligó a durar dos semanas sin poder salir de casa.

Cuando mencioné que ningún comercio abrió sus puertas, es porque no se podía comprar nada, todo el mundo estaba escondido y encerrado en su casa. Pero amados, cuando hay un verdadero llamado, el Señor tiene control de todo, Él se encarga de lo que sucede, es necesario que sepamos quién nos ha enviado, para no preocuparnos.

Hay ocasiones en la vida de cada persona en las que surgen circunstancias que pueden parecer negativas, nosotros podemos preguntarnos: ¿Por qué tuvieron que pasar?, y Dios siempre tendrá su amor incondicional para recordarnos que aún en la situación más difícil, Él está con nosotros.

En un principio nombré las fuertes lluvias y la inundación que hubo en casa, el terreno en el que vivíamos quedó inundado de tal manera, que cuando observé por el balcón, mi corazón saltó mientras me preguntaba: "Dios mío, ¿cómo bajaremos al patio?", y aquí es en donde quiero contarles las grandes maravillas que hace Dios, fue precisamente esa agua detenida, la que impidió que los militares y policías que intentaban entrar a cada propiedad pudieran lograr su propósito en nuestro hogar. ¿Qué sucedía cuando ellos irrumpían en una casa?, ¿cuál era su objetivo? Saquear, violar, investigar, y hasta matar si así se les antojaba; como nosotros éramos extranjeros, el riesgo que corríamos era mayor.

No te sobrevendrá mal ni plaga tocará tu morada.
Pues sus Ángeles mandarán acerca de ti que te guarden en
todos tus caminos.
Salmo 91:10 - 11RVR1960

Antes de que todo esto sucediera, el Señor había puesto sus ojos en un Pastor amigo, quien siempre fue un hombre de fe y diligencia. Su amor por Dios se extendía en su corazón obediente, dispuesto a seguir la voluntad de Dios sin importar el lugar o la tarea encomendada. Él había estado buscando personas que le acompañaran para dejar una provisión en Haití, como no encontró a nadie, al escuchar la dirección de Dios, se encargó de recoger alimentos, medicina y ropa para poderla llevar al lugar en donde nos encontrábamos.

Cuando llegó a Haití, tenía trece cajas llenas consigo, un equipaje como este era llamativo, sin embargo, fue tal el respaldo de Dios que todo esto fue resuelto de una manera milagrosa. Cuando el reverendo llegó a nuestra casa misionera, todos estábamos agradecidos y alegres, recibimos las provisiones con mucho gozo, esperando la dirección de Dios para el siguiente paso a dar, un par de días después, sucedió el golpe de estado que nos tuvo en completo aislamiento. ¡Allí vemos el poder de nuestro maravilloso Dios! Días antes nos había enviado todo el abastecimiento que necesitaríamos para una situación que no teníamos ni idea que íbamos a experimentar como familia.

En estos días de confinamiento, nuestros amigos haitianos buscaron la manera de hacernos llegar su apoyo y ayuda. Venían de manera incógnita para saber si en la casa misionera teníamos alguna necesidad.
Cuando pasó el tiempo, la Embajada Americana encontró la manera de comunicarse para indicarnos que debíamos salir del país, parte de sus instrucciones incluían el alistar una pequeña maleta con una muda de ropa, vestir de manera cómoda, con el cabello recogido y estar atentos para cuando se presentara la oportunidad de salir. Las indicaciones también incluían el silencio absoluto, eran tiempos peligrosos, se sabía que había muchos casos de violaciones y maltratos a las mujeres jóvenes, yo tenía a mis dos hijas adolescentes conmigo, Namsy tenía trece años y Nimsy, dieciocho. Así que comencé a pedirle al Señor que tomara el control de lo que fuera a pasar con nosotros, poniéndole esta preocupación delante de Él.

Para salir del lugar, la única manera viable era la vía aérea. Teníamos unos boletos comprados en dos distintas aerolíneas, nuestros hijos en una y los de nosotros en otra. Justo el día que teníamos planeado salir, la empresa de vuelos que tenía los pasajes de nuestros hijos cerró ¿Qué podíamos hacer?, yo me puse a orar, recuerdo que ese día mi corazón reposó en el siguiente texto:

> "Envió desde lo alto; me tomó, me sacó de las muchas aguas. Me libró de mi poderoso enemigo y de los que me aborrecían; pues eran más fuertes que yo. Me asaltaron en el día de mi quebranto, mas Jehová fue mi apoyo. Me sacó a lugar espacioso; me libró, porque se agradó de mí.
> **Salmos 18:16-19 RVR1960**

Cuando leí la biblia, sentía que era como si Dios mismo estuviera hablando en persona y diciendo ese versículo para nosotros. Pude estar en paz, tenía una tranquilidad sobrenatural, sabía que íbamos a poder salir del país con la ayuda del Señor.

Mientras tanto, Ángel, fue con Obed, nuestro hijo y habló en la aerolínea. Allí nos dijeron que si lográbamos que nos endosaran los pasajes de la aerolínea que había cerrado, podrían ayudarnos. Tras hablar e insistir en un lugar y otro, nos entregaron los cinco pasajes para el siguiente domingo, ¡ese es nuestro Dios! ¡Él hace milagros sobrenaturales en nuestras vidas!

El día del vuelo, el aeropuerto estaba lleno de muchas familias tratando de salir del país. Las aerolíneas que estaban en operación aumentaron sus viajes para que más personas pudieran movilizarse. Diferentes misiones de Estados Unidos, enviaron sus aviones para poder rescatar a las personas que alcanzaban, todos estábamos llegando al lugar y esperando la manera de salir pronto. Había un aire de un caos y una desesperación generalizada, sin embargo, allí en medio de todo, estaban los hijos de Papá, los cuales ya confiábamos y estábamos atentos a lo que Él iba hacer.

Al hacer la fila del avión, nos dimos cuenta que en el lugar, habían muchas más personas de las que posiblemente entrarían, por lo que todos estábamos atentos al momento en que las puertas de abordaje se abrieran. En la parte delantera habían cinco diferentes salidas; a nuestro alrededor, todos estaban aglutinados sobre cuatro de ellas, pero mi esposo se ubicó en la que estaba sola. Yo no entendí y le pregunté que por qué lo hacía y su respuesta fue: "Vamos a colocar nuestro equipaje frente a esa puerta porque esa es la primera que van abrir."

Nosotros, incrédulos, le decíamos que no iba a suceder porque allí nadie estaba parado, nos encontrábamos seguros que no la iban a usar y en el fondo, teníamos temor a pasar vergüenza, Ángel no reparó en ello, siguió repitiendo lo mismo hasta que accedimos con un poco de desconfianza, ¿qué creen que sucedió?, en donde estábamos, fue la primera puerta que se abrió, nosotros fuimos la primera familia que pasó al otro lado e ingresamos al avión.

Su palabra era confirmada ¡Él nos estaba rescatando!:

    Envió desde lo alto – **el avión**
    Me sacó de las muchas aguas- **el lugar donde vivíamos estaba inundado de agua.**
    Me libró de mi poderoso enemigo, **¿Quién no es poderoso con todo tipo de arma en la mano?**
    Me asaltaron en el día de mi quebranto, **fue inesperado.**
    Mas Jehová fue mi apoyo. **¿Quién si no Él que controló todo y nos apoyó.**
    Me saco a lugar espacioso; **Nos llevó a nuestra tierra.**
    Me libró, **Nos sacó del peligro que nos rodeaba.**

> Porque se agradó de mí. **¿Qué mejor que eso, entender que Dios se agrada de lo que hacemos?**
>
> **Salmos 18: 16 – 19 RVR1960 – Nota del Autor.**

Tras nuestra salida, la situación se puso aún más tensa. Este fue el viaje en el que nuestra hija Nadia, no pudo viajar, por lo que se quedó con una familia que cuidó de ella durante estos días de guerra.

La violencia era tal, que día a día se escuchaba de mujeres que habían sido abusadas sexualmente, hombres que irrumpían en los hogares para asesinar y despojar a quienes se encontraran allí. Era tal el desespero, que tener comida era un riesgo, muchos procuraban pasar los alimentos a escondidas para no ser descubiertos.

El hermano Elie, con quien se quedó Nadia, nos contó una experiencia en donde Dios se glorificó, la leche se estaba acabando, no había mucho que comer y aunque nosotros les habíamos dejado dinero para su mantenimiento, no existía lugar alguno en donde comprar los alimentos. En su angustia, recordó una tienda cuya dueña vivía en su interior, salió a escondidas, atravesó la calle y golpeó en la casa de la señora. Inicialmente ella no quiso abrir, pero ante su insistencia y súplica cedió molestamente. Al salir de allí, con un par de alimentos en sus manos, se fijó en los hombres armados que transitaban constantemente la zona, dispuestos a acabar con la vida de quien se cruzara en su camino. Su expresión fue "Bondye" (buen Dios), en ese momento el Señor le permitió ver un pequeño espacio debajo de unas escaleras; sin pensar en su tamaño, como pudo se metió en un minúsculo lugar en donde solo un niño pequeño podría entrar, ¿cómo lo hizo?, solo Dios y él lo saben. Nos contó que cerró los ojos y se encomendó al Señor apretando en sus manos los alimentos que anhelaba llevar a la casa, de ser visto por esos hombres, seguramente no estaría vivo.

"Jehová te guardará de todo mal; Él guardará tu alma. Jehová guardará tu salida y tu entrada desde ahora y para siempre."

Salmo 121:7 RVR1960

Al pasar a su lado, los hombres no le vieron, ellos siguieron de largo; cuando él entendió que podía salir, lo hizo y llegó en victoria al hogar.

Tiempo adelante, cuando todo se normalizó y hubo más seguridad, nosotros regresamos a continuar el compromiso que habíamos adquirido con Dios para continuar nuestra obra en Haití.

¡Siempre fiel, nuestro Señor es nuestro escudo y fortaleza!

9

EMBARGO COMERCIAL

¡Cuántas experiencias!, todas ellas en las que el Señor ha sido glorificado y su mano siempre ha estado a nuestro favor. Jamás nos imaginamos estar tan cerca de la muerte y poder ver de primera mano, el ingenio de las personas para sobrevivir.

Uno de los grandes retos que enfrentamos fue un embargo comercial, es mucho más fácil decirlo que vivirlo, pues luego del golpe de Estado, este fue el siguiente gigante que quiso levantarse en nuestra vida, pero al igual que todo lo demás que enfrentamos, ¡Dios tuvo la victoria!

Debido a la situación de Haití, Estados Unidos y los diferentes países aliados, cerraron la entrada de cualquier tipo de transporte y por lo tanto, de alimentos. Poco a poco, todos los suministros escasearon y los precios para vivir, se elevaron de manera vertiginosa. El combustible era poco, a través de comercio ilegal, tanques de gasolina eran metidos al país durante las horas de la noche. En el "mercado negro" las personas podían acceder a los suministros, pero a cambio de un precio exorbitante.

Hicimos muchas pericias para poder tener gasolina, pagamos a precios absurdos su valor, un día, llegamos a un lugar sucio y descuidado en donde nos dijeron que podríamos encontrar lo que necesitábamos. Alrededor, habían envases de todo tipo, un olor penetrante y nauseabundo inundaba la zona, cuando nos dimos cuenta, todo nuestro alrededor era inflamable, un solo fosforo encendido, podría generar un accidente inmediato.

En donde vivíamos, muchas personas enfermaron y murieron a causa de la hambruna, los hermanos de Nadia habían perdido gran parte de su peso y no podían levantar los pies del piso, se les veía con los ojos hundidos en sus cuencas, las dificultades eran generalizadas. Este dolor, movió nuestro corazón para hacer algo, viajamos fuimos a la frontera con Republica Dominicana y buscamos ayuda para poder dar vitaminas y suplementos a quienes nos rodeaban. Entrábamos y salíamos del país para conseguir algunos artículos y encontrar recursos que nos ayudaran a superar la situación.

Después fui a Puerto Rico, busqué ayuda y al compartir nuestra inquietud con diferentes congregaciones, médicos y otras personas, todos cooperaron y logramos reunir una gran cantidad de vitaminas y medicamentos para ingresar al país. Una vez preparado todo, sin tener quien me acompañara pues mi esposo se había quedado en Haití, agarré todas las cosas bien empacadas, y en el nombre del Señor moví mis pies para hacer aquello que Dios había provisto a través de tantas personas con un corazón generoso y sensible.

Tenía todo mi equipaje listo, compuesto por varias maletas militares, en donde no quedó un espacio libre que no fuera ocupado, pues solía acomodar las cosas de tal manera que hasta en los huecos de los zapatos, en los bolsillos de la ropa y en donde fuera posible ubicar lo que podía, lo metía.

El reto era hacer todo sin levantar sospechas en la Aduana con la cantidad de insumos que llevaba, yo estaba arriesgándome con el firme y único propósito de aliviar un poco el dolor humano de otros menos afortunados. Recuerdo que cuando hacía estos preparativos, mi hermano mayor Ismael me preguntó: "¿Cómo puedes pasar todo eso tú sola?", yo le contesté: "esto es por fe y en el nombre del Señor, Dios sabe la necesidad."

Viajé hasta la República Dominicana vía aérea y allí me esperaba mi esposo para continuar el viaje por tierra en el vehículo misionero, este trayecto tardaba seis horas. Existía un detalle muy importante y preocupante, debido al embargo comercial en Haití, República Dominicana tenía una vigilancia excesiva con los autos que pasaban a través de sus fronteras, sobre todo, para investigar qué llevaban en ellos puesto que no estaba permitido pasar gasolina, gas, o sus derivados, gracias a ello, las inspecciones eran exhaustivas y nosotros teníamos que pasar por ellas. De donde estábamos a nuestro destino final, había en total cinco paradas militares con una revisión a profundidad en cada una, en ese trayecto, recuerdo como se me cortaba la respiración, mis manos sudaban, en el auto orábamos sin parar pidiéndole al Señor que no nos fueran a abrir nuestras maletas, más su palabra es fiel, por esto, la promesa esta para nosotros sus hijos:

> Jehová te guardará de todo mal; Él guardará tu alma. Jehová guardará tu salida y tu entrada, desde ahora y para siempre
> **Salmo 121:7 RVR1960**

En cada una de esas estaciones los oficiales se quedaron viéndonos, paraban el auto, nos preguntaban si llevábamos combustible y tras una breve ojeada nos dejaban salir. Incluso, en una de las estaciones finales, a lo lejos uno de los oficiales vio el auto y gritó: "déjelos pasar". Seguimos de largo entendiendo que era el mismo Espíritu Santo quien nos abría el camino para poder llegar a nuestro objetivo. Al llegar a la casa misionera, no parábamos de dar gracias, honra y gloria al nombre de nuestro Dios quien guardó nuestra salida y entrada. ¡Aleluya!

Al día siguiente, distribuimos las vitaminas en pequeñas bolsas de treinta unidades, las entregamos primero a quienes su salud requería atención inmediata, nuestro afán era poder brindar algo que ayudara a mejorar su condición física, luego si, a las demás personas que las requerían. Yo estoy convencida que cada una de esas píldoras era especial, no solo tenían mucho amor y cuidado, sino que también, iban cubiertas con la unción del Espíritu Santo.

Una situación como esta, en donde el país entero pasa hambre, en donde los artículos de primera necesidad son limitados, quebranta el alma. Los que hemos nacido en países con alimentación sin límite o en donde la calma es una constante, difícilmente podemos ponernos en la situación de quienes enfrentan crisis como estas.

Dios nos ayude a valorar todo lo que tenemos y agradecer lo bendecidos que somos, en todo el tiempo nuestro Dios es fiel.

"Bendice Alma mía a Jehová, y no olvides ninguno de sus Beneficios."
Salmo 103:2 RVR1960

10
LA ESCUELA

LA ESCUELA

En Haití, se puede predicar el evangelio en cualquier lugar. Son muchas las misiones de diferentes lugares que han llegado y se han instaurado proclamando y dando a conocer el mensaje de salvación.

Es maravilloso ver ministerios que exaltan el poder de Dios llegando a los lugares menos imaginados, una de las características que el gobierno exige para que una obra espiritual funcione en este lugar, incluye el aporte social de la misma. Por este motivo, es que hay muchas iglesias relacionadas con hospitales, escuelas, orfanatos o diferentes ámbitos que ayudan a los ciudadanos a crecer integralmente.

Cuando llevábamos tres meses instaurados en nuestra casa misionera, un oficial del departamento de Cultos, la agencia de gobierno encargada de regular las misiones e iglesias, nos visitó, con la intención de poder supervisar lo que hacíamos, puesto que nuestra labor era de un tamaño considerable para ellos. En ese momento, nos enteramos que no solo buscaban información de nuestro trabajo en la iglesia, sino que también, tenían sus ojos puestos en la labor social que íbamos a realizar, pues de lo contrario, no podríamos seguir ejerciendo como ministerio. En el lugar, años antes, había existido un orfanato, sus ocupantes ya habían crecido y muchas de las niñas que habían vivido allí ya tenían familias construidas. Para el momento de la visita, en el lugar solo se quedaban ocho jóvenes que no tenían a donde ir pero que por su edad, ya no eran consideradas unas niñas.

Mi esposo le pidió al supervisor tres meses de espera para poder comenzar la obra y de esta manera no tener que cerrar el lugar; aunque incrédulo, su interlocutor aceptó y nos dio este espacio para que pudiéramos acomodarnos y desarrollar el proyecto.

Como el tiempo era poco, nos pusimos a trabajar de inmediato, enviamos una carta a la dirección de nuestra iglesia dando a conocer la situación. En ella, expresamos nuestra necesidad de comenzar prontamente y nuestra inclinación para poner una escuela, no obstante, para hacerla, necesitaríamos un lugar con al menos tres salones y para el momento, no contábamos con el presupuesto ni los medios para hacerlo. La respuesta no se hizo esperar, prontamente la iglesia nos envió una ofrenda para comenzar la obra.

La comunidad por su parte, también puso su grano de arena, con esfuerzo y dedicación, los días fueron pasando y el aporte del trabajo de los miembros fue dando forma al lugar. Una de las tareas que más tiempo nos tomó fue poner el techo en la instalación, ese día, los hermanos y jóvenes de la iglesia trabajaron desde muy temprano en la mañana hasta tarde en la noche.

Debido a las condiciones de Haití, la maquinaria es poca o nula, razón por la cual, el trabajo era manual y por lo tanto, más lento. El cemento fue mezclado a mano, luego puesto en unos grandes recipientes para moverlo y a través de una larga cadena de manos, llegaba del lugar de la mezcla a su destino final.

Cuando volvió el supervisor y encontró que la obra se estaba adelantando, la situación se calmó, temporalmente. Al poco tiempo de esta visita sucedió el golpe de Estado y el embargo comercial, como es de esperarse, Haití quedó devastado. Durante nueve meses, la construcción de la escuela que estaba a poco tiempo de concluirse, quedó paralizada y nosotros estuvimos fuera del país. Aceptar la situación, no era fácil, pues ya habíamos planeado y teníamos sueños con lo que podríamos hacer y alcanzar en este lugar.

Antes de salir, nosotros tuvimos en mente la necesidad de tener un director haitiano para la escuela, esta decisión no podía ser tomada a la ligera, por lo que pedimos mucha dirección de parte del Espíritu Santo para tomarla. Por ese tiempo, había llegado al hogar un joven llamado Jean Ellie Romain.

Este muchacho, fue formado en el temor y la enseñanza del Señor, su padre había sido uno de los pioneros en recibir a Jesús tras la llegada de los primeros misioneros a Haití y quien con el tiempo, fue nombrado Pastor y dedicó su vida al servicio de la comunidad.

Ellie, llegó a nuestra casa pastoral pidiendo nuestra ayuda para brindarle hospitalidad a su joven esposa que se encontraba en su último mes de su primer embarazo, la razón para hacerlo radicaba en que el hospital quedaba muy lejos de la vivienda que ellos tenían y el transporte público no era seguro para su salud ni la del bebé en camino.

La casa misionera estaba muy cerca del hospital, por lo que nosotros aceptamos, su esposa Gladys, estuvo viviendo en el orfanato un buen tiempo mientras se preparaba para ser mamá. Ellos se quedaron con nosotros casi dos meses, tiempo en el que nació su hijo, Sley Romain.

Este lapso, fue suficiente para que pudiéramos observar el testimonio en las diferentes áreas de su vida. Allí encontramos todas las hermosas cualidades de Ellie para saber y entender casi audiblemente de parte de Dios que el puesto de Director de la escuela era para él: "No busquen más, no tienen que ir muy lejos, yo lo traje a ustedes ¡Es él!"

Cuando conversamos con Ellie sobre lo que el Señor nos dijo, su primera respuesta fue una sensación de sobrecogimiento, se sentía indigno de poder realizar una tarea de esta magnitud pero sabía y nos dijo, que si el Señor lo había elegido, él lo iba a intentar, su objetivo preciado era no defraudar a Dios o a nosotros que depositábamos nuestra confianza en él.

Hasta nuestros últimos días en Haití, él nos acompañó como director de la escuela, Dios le ha bendecido por su integridad, veracidad y sobretodo su fidelidad hacia el Padre. Hoy en día tiene cuatro hijos y cada uno de ellos ha sido formado en el amor y el servicio.

Cuando su familia se quedó con nosotros, el país pasaba por el Golpe de Estado, tuvimos que dejar la casa misionera y el trabajo que estábamos haciendo en manos de quien pudiéramos depositar con confianza nuestras responsabilidades. Nuestra hija Nadia no podía viajar y fue él, quien con su confiablidad y presteza, se quedó al frente de esta gran encomienda. El Señor puso la persona perfecta, para la labor necesaria en cada uno de nuestros momentos en Haití.

Luego de los nueve meses que duramos fuera y tras muchos inconvenientes, logramos poner la escuela en las condiciones necesarias para ser inaugurada.

Nuestros hijos también pusieron su mano en esta obra, Obed, el mayor, pintó un mural en el salón de los niños más pequeños. Nuestras hijas estaban entusiasmadas y felices, era un momento de agradecimiento y expectativa; más sin embargo, aún nos faltaba algo y no habíamos caído en cuenta de ello ¿Qué nombre le pondríamos?

Tras diferentes opciones, elegimos llamarla "Escuela Cristiana Puerto Rico". Las razones para hacerlo fueron que primero que todo, era una escuela con bases y enseñanzas cristianas y segundo, porque sus fundadores y las ofrendas para su funcionamiento, provenían de la gente noble y generosa de Puerto Rico. El día esperado llego ¡Gloria a Dios! En septiembre de 1992 después de una hermosa ceremonia, adoración y tiempo de oración, presentamos este hermoso proyecto a nuestro Señor.

Comenzamos con sesenta niños que se matricularon, un equipo de maestros haitianos quienes en su mayoría eran cristianos y cuyo proceso de selección fue bastante cuidadoso. Toda esta maravillosa comunidad se mantuvo fuerte en el lugar, aun sobrepasando proezas y batallas de fe, todos estuvimos firmes y fieles a aquello que el Señor nos había encomendado. La escuela creció rápidamente, muchos padres llegaban al lugar con la intención de poder vincular a sus hijos debido a que las enseñanzas y los principios que se enseñaban en ella eran diferentes; además, la responsabilidad de los maestros, sumado a la seguridad del lugar, la convertían en un gran hogar para crecer integralmente.

Alrededor de las instalaciones educativas construimos una cerca grande para impedir la entrada o la salida de los niños sin un orden establecido.

Internamente, los padres tenían unas boletas especiales para poder reclamar sus hijos y tener cuidado de ellos. Todo esto, generó la necesidad de construir más salones para que los niños pudieran ingresar; mientras más estudiantes llegaban al lugar, más personal era necesario, por lo tanto, más presupuesto. Esto, sin contar los materiales para poder dar las clases; entre una y otra necesidad, nuestro recurso primordial era ir a Jesús para suplir nuestras necesidades. Le pregunté a mi Dios ¿Qué podemos hacer? La inspiración divina llegó, por lo que decidimos hacer una campaña de recolección de fondos a partir de subsidios para los niños. Tomamos fotos, hicimos un perfil de cada alumno con diferentes detalles que permitían conocer toda su situación. A las personas que querían participar, les quedaba fácil conocer el niño que podían apadrinar, además de realizar un seguimiento y tener la posibilidad de visitarlo en Haití cuando quisiera. Si por algún motivo, alguno de los niños no podía seguir estudiando, el subsidio se podía pasar a otro que lo necesitara.

Durante mucho tiempo, las iglesias continuaron ayudando, afortunadamente pudimos asistir y representar el ministerio en varias organizaciones y esto permitió que más personas se sumaran a nuestra causa. Un día, recibimos una carta de una reconocida cantante, en su interior, ella nos dijo que había tenido conocimiento de nuestro programa de apoyo y que junto a su iglesia, quería asumir el patrocinio de dos niños. Nosotros le enviamos los datos de una niña y un niño que tenían muchas necesidades, al poco tiempo, nos respondió con la gran noticia de cincuenta personas que querían sumarse a apoyar la labor que realizábamos. De esta manera, con este impulso, pudimos seguir creciendo en la influencia hacia la comunidad que nos rodeaba.

Este aporte fue muy especial, nos dieron su ayuda sin fallar, debido a que la iglesia era reconocida por su apoyo a las misiones, su subsidio llegaba a nosotros constantemente. Más adelante, ellos decidieron viajar y conocer los niños, acompañados por el Pastor principal, cuando estaban en las instalaciones, les dimos las fotos de los niños que estaban apadrinando, las reacciones de sus encuentros eran maravillosas. Había risas, gritos, exclamaciones y lágrimas. Este espacio les sirvió para compartir y bendecirse mutuamente. Las madres de los alumnos estaban muy agradecidas, no era común que sus niños recibieran ropa, comida, útiles escolares y tantos regalos.

Poco a poco el Señor nos fue guiando y ayudando a ampliar el lugar, sé que una de las grandes obras que se hizo en el lugar no tenía que ver directamente con la educación, la mayoría de esos niños y sus familias no conocía ninguna iglesia y mucho menos asistía a una, hoy en día, muchos de ellos asisten y sirven al Señor, sus familias son salvas y su generación ha sido un agente de cambio en Haití, quedando una escuela establecida con 840 estudiantes.

¿Hubo momentos difíciles? Sí, pero lo más lindo de todo fue ver la fidelidad de Dios todo el tiempo. Siempre su mano poderosa trajo paz en cada tormenta ¡**Aleluya**!

11
NUESTROS **HIJOS**

Es común que como padres, nuestro corazón se determine a no ver las fallas de nuestros hijos. ¿Qué padre no puede decir que su hijo es el más bello, el más inteligente, el más educado, el más exitoso, etc.? Sin embargo, cuando vemos actitudes en ellos que no necesariamente son edificantes, buscamos la manera de corregirlos, señalando y enmendando para evitar problemas o resultados en sus acciones inesperadas.

Por eso, la palabra de Dios dice:

> Corrige a tu hijo, y te dará descanso, y dará alegría a tu alma.
>
> **Proverbios 29:17 RVR1960**

Nuestra intención de crianza con nuestros hijos siempre fue edificarle para la honra a Dios. Gracias a lo anterior, cuando el Señor fue tratando con nuestra familia a través del llamado pastoral, luego con el campo misionero y nuestro peregrinaje al servicio de Dios, nuestros hijos pudieron entender, a su tiempo, que lo que íbamos viviendo era una dirección que provenía directamente del cielo y no un capricho de nosotros.

Nuestras experiencias les han sido de mucho provecho para sus vidas, a medida que experimentamos cada milagro de la mano de Dios, ellos crecieron en su fe y su relación personal con Dios.

Uno de los aspectos que más agradecemos de ellos, es que su boca no fue abierta para las quejas, exigencias o reproches en los momentos difíciles que enfrentamos. Ellos estaban en constante expectativa, silenciosamente nos acompañaron en cada circunstancia. Siempre que hubo crisis y nosotros nos reunimos a explicarles lo que sucedía, su respuesta fue: "no se preocupe mami" "no se preocupe papi".

El Señor tuvo un proceso personal con cada uno de ellos, a su tiempo, mis hijos pudieron encontrarse en el amor de Dios.

Obed, mi hijo mayor, aceptó la voluntad de Dios para la familia, nos acompañó fielmente en cada uno de los lugares que estuvimos, pero tenía dificultades con la paciencia, en especial, cuando algo afectaba la imagen de su papá.

Como pastores, muchas personas se van a levantar en contra de lo que hacemos o lo que decimos, es normal que a nuestros hijos les cueste ver los cuestionamientos que les hacen a sus padres, las insatisfacciones de aquellos que les rodean; mis hijos, no eran ajenos a esta situación, ellos no podían evitar sentir.

Apenas llegamos a Haití, Obed se relacionó rápidamente con los jóvenes del lugar, se dio cuenta de la necesidad que ellos tenían de conocer a Dios y fue motivado a levantar la primera tropa de futuros embajadores de Cristo, algo que había hecho antes en Puerto Rico.

Esta tropa era un grupo de jóvenes, con aspecto de cadetes, con los que trabajaba en labores sociales. Fue tal el júbilo, la armonía y la paz que se respiraba entre estos muchachos, que era un verdadero gozo ver como todos juntos fueron creciendo en sabiduría y amor por la obra del Señor. En una ocasión, cuando uno de los miembros murió, toda la tropa hizo un recorrido hasta el cementerio, dando ejemplo de hermandad y afecto. Obed siembre estuvo pendiente de levantar jóvenes para desarrollar el trabajo de Dios, conoció a la que es su esposa Glenda en el campo misionero y ella participó con nosotros en el trabajo que hacíamos. Dios les dio dos hijos, Yaniris y Obed Omar.

Nuestra segunda hija, Nimsy, nunca escondió nada. Su carácter la ha hecho una mujer de palabra, directa, con la capacidad de decir lo que le gusta y lo que no. Como lo comenté en el capítulo de momentos de decisión, cuando supimos que debíamos seguir el llamado e ir a servir a Haití, ella se levantó y nos dijo: "¿Por qué el Señor no llama a otras personas?"

Cuando ella llegó a la casa misionera, el Señor le otorgó el don de hablar el Creol. Ella nos contó como a través de una visión, sintió que su cabeza se abría y Dios le introducía algo parecido a un libro, permitiendo que inmediatamente pudiera hablar esta lengua haitiana a la perfección. ¿Qué mejor maestro que el Espíritu Santo? Una de esas ocasiones que conmovió mi corazón fue cuando la vi enseñar clases de bautismo a un grupo de haitianos recién convertidos. ¡Dios es bueno! Él nos usa para poder llegar a aquellos que no le conocen.

Nimsy, pasó un par de dificultades en su salud. Tuvo que estar hospitalizada en dos ocasiones. En este país, es difícil ir a cualquier médico y hospital, afortunadamente tenemos un Dios que siempre canalizó nuestros asuntos y en la primera vez que necesitamos de cuidados médicos, a causa de una infección en el estómago, nos llevó a conocer al director de una clínica en la que pudimos atenderla.

Otra de las ocasiones en las que tuvo que estar en este lugar, fue a causa de un extraño diagnóstico, días pasaron y su estado no mejoraba. Los médicos tuvieron que consultar entre ellos y otros especialistas para saber que tratamiento se le podía suministrar. Un día de esos, en medio de la noche, mi hija se sentó en la cama, elevó sus brazos y en tono de desesperación gritó: "Señor, ya no puedo más, ayúdame".

Mi corazón de madre se quebrantó al escuchar su clamor, pero al mismo tiempo, pude ver que lo que estaba sucediendo, era un ataque espiritual para la salud de mi hija. Yo me acerqué, le dije que oraríamos juntas, puse mis manos sobre su cabeza y de inmediato, una sensación de asfixia comenzó a querer hacerme callar.

Era algo muy fuerte, yo sentía que mi voz se hacía cada vez más lejana y que no podía hablar. En ese momento, el Espíritu Santo trajo libertad, nos dio una unción en la que comenzamos a orar en lenguas haciendo que de manera inmediata, toda opresión saliera de ella.

El ambiente cambio, al día siguiente le dieron de alta ¡La honra y la gloria es al Señor!

> "Y estas señales seguirán a los que creen: En mi nombre echarán fuera demonios; hablarán nuevas lenguas; Tomarán en las manos serpientes, y si bebieren cosamortífera, no les hará daño; sobre los enfermospondrán sus manos, y sanarán."
> **Marcos 16:17-18 RVR1960**

Namsy, mi hija menor, siempre ha sido muy obediente a todo lo que vivimos. Ella tenía una constante actitud de ayuda y en los momentos de crisis, su carácter explosivo, nos daba palabras de rectitud.

Todas las experiencias que vivimos han sido la plataforma para las decisiones diarias que ella ha determinado para su vida. Gran parte de su estudio lo hizo por correspondencia, en otra ocasión, un hermano vino y le dedicó tiempo como tutor puesto que el único colegio americano del lugar, era muy costoso y se excedía de nuestro alcance. Afortunadamente, su dedicación la llevó siempre a pasar con honores, terminando sus estudios en asistencia dental.Años después, el Señor cumplió su promesa y puso a su lado Luis, su amado esposo, con quien hoy en día tiene dos hijas: Gabriela y Solange.

Ella y Nimsy fueron muy dedicadas a nuestra hija adoptada Nadia, siempre le dieron su amor y enseñanzas, tanto que en muy poco tiempo aprendió a hablar y de las manos de Obed, a caminar.

Son muchas las cosas que podría decir de ellos, no nos arrepentimos de nada de lo que hemos vivido juntos, el tiempo que estuvieron en Haití fue de gran bendición, su mano estuvo siempre muy prestante para ayudarnos en lo que necesitamos.

Estamos seguros que el Señor seguirá recompensándoles con todas las promesas hermosas que él tiene para aquellos que le sirven y le aman con el corazón.

Al escribir estas vivencias, mis hijos están felizmente casados. La palabra de Dios se cumple. Recuerdo una profeta que habló a nuestra familia diciéndonos que no había que preocuparse por el futuro ya que el Señor ya lo tenía determinado para ellos.

Posteriormente, Micky Mulero llegó a nuestra familia y tras un tiempo de oración y recogimiento, el Señor le confirmó a mi hija Nimsy que era el hombre con el que podía tener un hogar. Un año después se casaron y el Señor se encargó de todos los detalles de la ceremonia, no se faltó nada, Él tuvo cuidado de todo. Hoy en día, el fruto de su amor son sus tres preciosos hijos: Jan Omar, Yaheli Marí y Lerriane Yahel. Ellos han sido llamados a ser evangelistas, el Señor los ha llevado por diferentes confederaciones, residencias, canchas y lugares en todo el mundo. Su ministerio internacional: Bajo el estruendo del Espíritu, ha alcanzado miles de almas para el reino de Dios. Han sido testigos de gran cantidad de milagros, mi hija, fue bendecida con la unción de la adoración, haciendo que todo aquello que Dios les ha entregado, sea transmitido a través de canciones llenas del poder del Señor. Nimsy ha grabado diferentes álbumes, sus canciones tienen letras inspiradas por el Espíritu de Dios, ha compartido escenario con grandes representantes de la música cristiana, dando luz y compartiendo del amor de Jesús, en todos aquellos que le escuchan.

Todo en nuestra vida ocurre para glorificar al Señor. Nuestro Dios no tiene una edad exclusiva, incluso, aun cuando tengamos familias con niños, el Señor sigue llamando, de otra manera, no habría podido hacer con nosotros lo que vivimos.

¡A Él sea la Gloria!

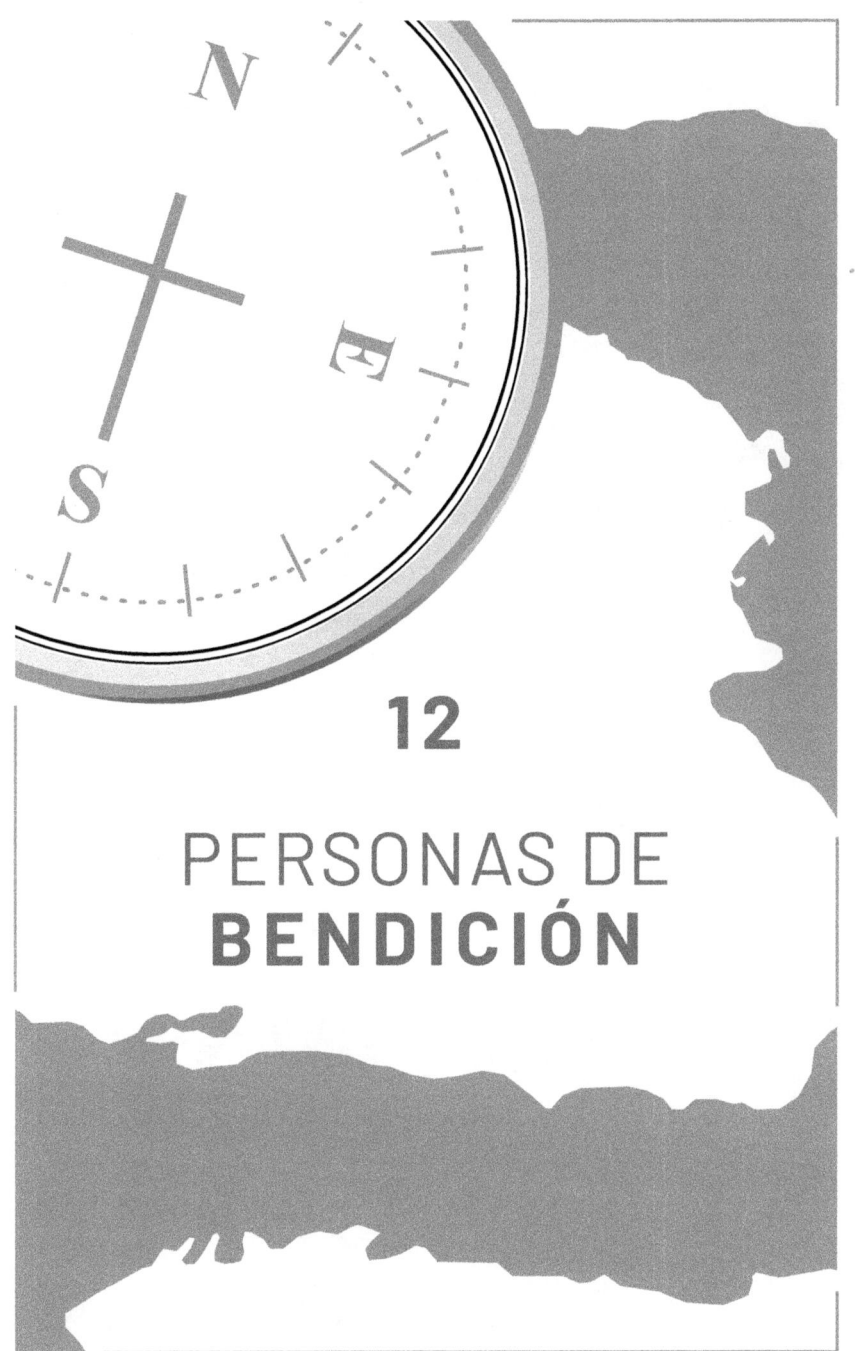

12
PERSONAS DE **BENDICIÓN**

Una de las mejores vivencias cuando estamos sirviendo, es experimentar cuando más personas se unen a la obra y se ponen a nuestra disposición para ayudar.

En muchas circunstancias, las dificultades pueden abrumarnos y hacernos sentir estancados, ahí es cuando Dios envía a la ayuda oportuna. Hay personas de bendición que aunque no necesariamente están en el campo misionero, pueden moverse y estar en situaciones específicas, porque Dios lo permite. Hay muchas maneras de ayudar a quienes pasan necesidad, en diferentes países del tercer mundo, la pobreza es absoluta, existen muchas almas necesitando conocer de Jesús y esperando la salvación.

No podemos dejar de mencionar aquellas personas que de una y otra forma llegaron a Haití para encontrarse con los misioneros que estábamos en el lugar y traer tiempos de refrigerio a quienes trabajábamos en la obra.

A lo largo de los años, muchas personas nos bendijeron, recién llegados a Haití, María y su esposo José "el general" nos visitaron. Nos encontrábamos recién llegados y la casa misionera estaba siendo adaptada para las necesidades básicas. Todos dormíamos en un cuarto, habían zonas de la casa que no estaban terminadas y naturalmente, no era un momento para alojar a alguien en nuestro hogar. No obstante, con tanto amor por parte de ellos, no podíamos dejar de recibirlos, así que los acomodamos, a ellos dos y a otro misionero que llegó al mismo tiempo.

Nosotros cocinábamos en un armario, en su interior, habíamos adecuado un par de implementos para poder preparar los alimentos. Cuando el hermano José se percató de nuestra situación, mandó a Ángel, a comprar todo lo necesario para techar un espacio de la casa y construir la cocina.

Pasados unos días, notó que estábamos lavando la ropa a mano y comenzó a gestionar todo lo necesario para hacernos llegar una máquina que nos ayudara en nuestra labor.

También recibimos gran cantidad de provisiones, una en especial, que llegó a ser tan grande como un armario entero. Cada vez que un misionero, pastor de una provincia o familia nos pedía ayuda, nosotros poníamos en sus manos y compartíamos la provisión que nos había llegado.

Pudimos dar a tantas personas que en un momento paramos lo que estábamos haciendo y nos preguntamos ¿Qué sucede que entre más repartimos, más tenemos? ¿Cómo es posible que la provisión no se acabe si muchos han sido alimentados con ella?

Tras mirar atrás, puedo decir que nosotros vivimos el milagro de multiplicación que experimentó la viuda junto a Elías:

> Porque Jehová Dios de Israel ha dicho así: La harina de la tinaja no escaseará, ni el aceite de la vasija disminuirá, hasta el día en que Jehová haga llover sobre la faz de la tierra.
> Entonces ella fue e hizo como le dijo Elías; y comió él, y ella, y su casa, muchos días.
> Y la harina de la tinaja no escaseó, ni el aceite de la vasija menguó, conforme a la palabra que Jehová había dicho por Elías.
> **1 Reyes 15:14-17 RVR1960**

Una de esas personas que hizo grandes sacrificios para Jesús, fue el Reverendo Vicente Castro, no había nadie como él. Su corazón noble, su carácter, su honestidad, su capacidad de expresarse sin guardar nada, le hacía muy especial.

En uno de sus viajes, él vio a mis hijas pálidas y bajas de peso, agarró y las motivó para hacer sus maletas diciendo con presteza que tenían que ir a compartir tiempo con la abuela. Con prontitud las ayudó para que ellas pudieran alimentarse y recuperarse de las pericias que habíamos estado viviendo en Haití.

Otro hermano, Luis López, fue reconocido por su gran humor y carisma. Él decía con mucha jocosidad que cuando estaba preparando sus viajes misioneros le decía a sus dolores y enfermedades: "yo voy a salir, si ustedes quieren ir conmigo ¡lo hacen! Sino, pueden quedarse". Cuando él llegaba, daba la sensación de que un alcalde o alguien muy famoso arribaba al lugar, las personas ya lo conocían y corrían a verlo trayéndole en sus manos cartas con necesidades para que el las conociera y pudiera ayudar. Recuerdo que nosotros nos sentábamos a leer todas las peticiones a altas horas de la noche para verificar que las historias que le contaban fueran ciertas. Él quería ser equitativo en su ayuda y nosotros estábamos pendientes para que no fuera engañado por personas sin escrúpulos.

En uno de esos viajes, tuvimos la visita de nuestro querido Saúl, en ese momento él estaba apartado del Señor, más llegó para ayudarnos en una obra que se realizaría en el templo. Mientras trabajaba, llegó una mujer con su hija en manos. La niña estaba muy enferma y su madre le pidió que orara por ella. En ese instante, el hermano no se sintió en la capacidad para pedir delante de Dios y llamó a nuestro hijo Obed, tras encontrarse y escuchar la situación que le aquejaba, ambos oraron por la muchacha. Más adelante, Saúl, fue la persona que Dios usó para que después del terremoto en Haití, se reconstruyera aquel lugar, haciendolo todo de nuevo.

Podría continuar escribiendo muchas de las historias de personas inspiradoras que nos acompañaron en la obra, muchos que dejaron sus comodidades, sus finanzas, su corazón y deseos para poder ayudarnos.

Es mi oración que se levanten más personas como ellos, que puedan hacer la obra de Dios y ayuden a generaciones enteras. Sus manos siempre nos ayudaron en los momentos más cruciales y sé que el Señor les honrará por haberlo hecho.

13

SUPERVISANDO
LA OBRA

El representante misionero es el enlace entre el país que recibe la misión y la organización que lo envía. Todos los detalles necesitan estar claros, el misionero va en representación de una organización y hacer cualquier cosa sin comunicarlo en cualquiera de los dos puntos de contacto, es un error garrafal.

En nuestro caso, parte de la responsabilidad que como misioneros tuvimos fue supervisar las iglesias que estaban con algún asunto pendiente o que necesitaban ayuda. Hubo muchas ocasiones en las que desempeñamos estas funciones, una de ellas, fue en un viaje en el que mi esposo Ángel tuvo que hacer hacia una provincia. Allí, fue un día histórico.

En ese entonces no contábamos con un vehículo para movilizarnos, aprendimos con ello que la falta de preparación y orientación, nos puede llevar a cometer errores de los que vamos adquiriendo experiencia.

Hago un alto para felicitar a las escuelas de misiones que brindan su orientación a muchos candidatos a misioneros, su labor es importante, ayuda a que la obra se haga con entusiasmo.

Mi esposo se preparó muy temprano, alistó su gabán y ropa adecuada para la enseñanza. Iba acompañado de otras dos personas sin saber que su trayecto sería mucho más difícil de lo que pensaba. Para poder transportarse, tenían que ir en un camión bastante alto pues las condiciones de la ruta no eran aptas para cualquier carro. El auto en la parte superior no contaba con ninguna protección, razón por la cual, el sol y las inclementes condiciones del clima estuvieron sobre ellos todo el tiempo.

En este vehículo había personas en cada espacio, también iban acompañados de grandes sacos de mercado, cerdos, gallinas, cabras y todo lo inimaginable; estas difíciles características hacían que la ruta pareciera más larga y que al llegar al lugar no pudieran bajarse en las mismas condiciones de limpieza con las que habían empezado el viaje. Afortunadamente esto pasó a un segundo plano cuando la adoración y la palabra dieron inicio. En el viaje de vuelta, mi esposo que ya antes había estado grandemente afectado por el sol, sufrió grandes quemaduras y tuvo una fuerte insolación.

Luego de esto, solicitamos a nuestro departamento de Misiones en Puerto Rico que nos brindaran un vehículo para realizar el trabajo de supervisión bajo menos riesgos.

Cuando nos llegó el dinero, nosotros habíamos estado preparándonos para elegir correctamente el auto que necesitábamos. Sabíamos que debía cumplir muchas condiciones, pues el estado de las carreteras de Haití no es el mejor, había caminos destapados y lugares con riachuelos sin puentes para cruzar de un lado a otro.

El día para comprar el auto llegó. Mi esposo fue con Obed, nuestro hijo y tras verificar los carros, ninguno cumplía nuestras expectativas. Hasta que estando a punto de salir del lugar, sus ojos se fijaron en una camioneta grande, estacionada en la entrada del lugar. Cuando preguntaron si estaba disponible, los vendedores le dijeron que si, pero que no creían que podría pagarlo. Obed y Ángel se sentaron en el auto, lo probaron y de inmediato sintieron que era el adecuado; en resumen, esta fue la herramienta que Dios nos dio para transportarnos en todo nuestro tiempo de ministerio y que nos permitió llegar a lugares distantes y difíciles.

Una de nuestras visitas fue a Cabo Haitiano, ubicada a ocho o nueve horas de distancia de donde estábamos. El propósito del viaje era supervisar la obra y dejar a un Pastor instalado en aquella iglesia puesto que el anterior había fallecido. Sin tener lugar en donde dormir, un amigo de la congregación que no conocía de Dios, nos abrió su casa por un par de días.

Algo que marcó grandemente mi corazón es que en la noche, cuando era el tiempo de dormir, la familia que nos albergó ubicó sus camas a la salida de nuestro cuarto, a modo de protección por si cualquier imprevisto se presentaba, esa era su manera de cuidarnos.

El domingo en la mañana, nos preparamos para estar en el culto que terminaba sobre las 2:00 p.m. Luego de orar en el altar, nos sentamos a esperar mientras que la congregación llegaba y en ese momento, solo habían dos o tres personas. Tras llevar un tiempo esperando, le preguntamos a la esposa del Pastor qué sucedía y ella me respondió que la mayoría de asistentes vivían lejos de la iglesia. Normalmente, las familias salían de sus hogares desde las 6:00 a.m., y caminaban hasta el templo para estar sobre las 9:00 a.m. Gran porcentaje de esas personas no habían comido nada, en el camino no habían cafeterías ni restaurantes ¡Eso es dedicación y amor al Señor!

En ese momento empecé a ver a lo lejos en un camino que no tenía fin y que en medio de él, se veían varias siluetas que con presteza, apuraban su paso para llegar a la reunión. De un momento a otro la sala de reuniones se llenó, de todas partes ingresaban niños, jóvenes, ancianos, madres con sus bebés en brazos, hombres con sus familias enteras. Todos se acercaban al lugar adorando y agradeciendo a Dios, diciendo en su lengua nativa "Beni sé Letenel" que significa ¡Bendito es el Señor! Ninguno de ellos mostraba cansancio alguno, estaban gozosos, felices agradeciendo a Jesús el llegar a su casa. ¡Qué admirable! Al terminar la reunión, todas las personas fueron de vuelta a sus hogares, teniendo un largo trayecto por delante, el mismo de venida, pero con una gran sonrisa en sus labios por haber venido a escuchar la palabra del Señor.

Cuando nos devolvimos de este lugar, encontramos que en la zona había unas protestas, los caminos estaban bloqueados con barricadas y gran violencia. Para evadir el trayecto, tomamos una ruta distinta y a mitad de ella, encontramos que también tenía manifestaciones.

La situación era tal, que la policía tenía gases lacrimógenos por doquier. De un momento a otro, estábamos rodeados por un gran humo proveniente de los neumáticos quemados que paralizaban el tráfico. Poco a poco el efecto del gas nos estaba quitando las fuerzas ¿Qué podíamos hacer? , en ese momento, la palabra de Dios fue nuestro aliciente. Nuestra mente se encontró en el salmo 91

> Caerán a tu lado mil, y diez mil a tu diestra;
> Mas a ti no llegará.
> **Salmo 91:7 RVR1960**

De la nada un camión grande lleno de policías tomó autoridad en el lugar, despejó la zona y agilizando el tráfico nos permitió pasar. Cruzamos en medio de toda la manifestación, la fiereza de aquellos que peleaban era grande, pero la protección de Dios era tal que parecía como si no estuviéramos en frente, por lo que nos dimos cuenta, no podían vernos y nosotros solo podíamos decir ¡Gloria a ti Señor!

> Cuando pases por las aguas, yo estaré contigo; y si por
> los ríos, no te anegarán. Cuando pases por el fuego,
> no te quemarás, ni la llama
> arderá en ti.
> **Isaías 43:2 RVR1960**

Otra experiencia que vivimos en la que Dios se glorificó, se dio al visitar una iglesia en la Provincia de Kafu- lendi. El propósito de este viaje era comenzar la construcción de un templo. El Pastor principal era no vidente, más su esposa, una mujer activa en la fe, no tenía reparación en ello y por el contrario, le ayudaba en todo lo que necesitaba. Durante años, el templo en el que estaban ubicados tenía las paredes de barro, piso de tierra y techo de paja. Gracias a que habían anhelado contar con mejores condiciones, Dios respondió. En Puerto Rico, diferentes misiones, hermanos y colaboradores se pusieron de acuerdo para ayudar esta obra. No solo habían recogido fondos sino que también, estaban dispuestos para ir personalmente y trabajar en lo que fuera necesario. Muy temprano en la mañana adecuamos el auto con los materiales, gran parte del trayecto era irregular, la otra parte, llena de barro y con grandes huecos. Como había estado lloviendo, las condiciones no eran las mejores, en ocasiones tuvimos que bajarnos del auto para que pudiera pasar con menos peso. El lodo por el que transitábamos era tan resbaladizo que parecía jabón. En uno de esos momentos el auto perdió el equilibrio, tres de los cuatro neumáticos quedaron en el aire, salí muy despacio, abrí la puerta a los demás y les dije que bajaran lentamente. De allí, me fui a una de las esquinas a intercederle a Dios por mi esposo para que pudiera estabilizar la posición del vehículo y sacarlo de aquella fosa. Con ayuda del Señor y de las manos de todos que nos dispusimos para brindar soporte, el auto logró salir. En la siguiente zona, teníamos que pasar un río que aunque no estaba muy crecido, si tenía bastante agua y corriente.

Cuando comenzamos a pasar, yo cerré los ojos, no paraba de pedir en mis oraciones que pudiéramos llegar sanos a la otra orilla. Afortunadamente llegamos a nuestro destino pasada la tarde, en donde estaban todos los hermanos de la congregación formando una gran algarabía con nuestra llegada. A esa misma hora se comenzó la obra.

Los días que estuvimos allí fueron de gran bendición tanto para ellos como para nosotros, pudimos dejar el pan espiritual sembrado y los ánimos en un nivel esperanzador. Aunque no existían los recursos a los que estábamos acostumbrados Dios nos sostuvo y nos suplió lo que necesitamos. Para poder tener agua potable, era necesario salir muy temprano en la mañana con un burro lleno de galones y caminar a una distancia considerable para poder llevarnos en un centro de abastecimiento público. Este camino tenía que ser transitado varias veces para poder suplir toda el agua necesaria a lo largo del día. Gracias a los cultivos de la zona, el aguacate, el plátano y el café negro, pudimos subsistir el tiempo que duramos en el lugar ¡Gloria a Dios!

Se realizaron dos o tres viajes más, luego de este primer acercamiento, hoy en día, la congregación tiene un hermoso templo digno de llamarse Casa de Dios.

Así como estos, pudimos realizar muchos viajes en diferentes provincias, nuestra misión era supervisar el trabajo y ayudar a los demás en la medida que el Señor lo proveía.

¡La Gloria es de Dios!

14
CONSTRUYENDO PARA LA **GLORIA DE DIOS**

Cuando Dios nos llama para laborar en algún tipo de ministerio y somos obedientes a ese llamado, accediendo sin tomar en cuenta cómo cambiará nuestro estilo de vida, jamás llegamos a imaginar en qué área Dios nos va a utilizar, la verdad es que en manos del Señor somos vasos de honra.

Además del trabajo espiritual, la labor social y algo más, el Señor nos guió siempre a ser instrumentos para localizar y conseguir recursos que nos ayudaron en la construcción de algunos proyectos que necesitaban de una mano para terminarse.

No es un secreto que Haití es una zona de mucha pobreza y necesidad. La mayoría de las congregaciones no cuentan con los medios para realizar una obra física y culminarla exitosamente. De hecho, los pocos recursos que hay, son usados para ayudar las necesidades de aquellos que están asistiendo a cada iglesia. Como tal, los conocimientos que mi esposo tenía en construcción eran muy escasos. Más el Señor lo capacitó, no solo en la búsqueda de recursos, sino también en la supervisión y guía de muchas de las construcciones que se llevaban a cabo en el lugar. Tras haber pedido ayuda a varios hermanos de Puerto Rico, una gran ayuda llegó, el objetivo de la misma era poder edificar un templo en la zona de Ranscoy de Leogan.

El templo anterior había sido de gran bendición, su Pastor anterior era no vidente, pero al morir, él no dejó por escrito que el lugar pertenecía a la congregación y su hijo, quien era practicante de brujería, puso un candado al lugar y no permitió que las personas se reunieran para adorar a Dios. Una de las hermanas fundadoras, cedió su casa para las reuniones, luego entregó parte del terreno para construir el templo y teniendo todo arreglado con los abogados, la misión que buscaba comenzar el nuevo templo, dio inicio. Cuando todos los hermanos misioneros y encargados de la obra llegaron al lugar, enfrentaron un gran reto, pues el país entero estaba lleno de manifestaciones, por lo que todo era una hazaña Al ser extranjeros, este viaje nos ponía en riesgo pero decidimos asumirlo y fuimos para trabajar en lo que teníamos que hacer.

En esos días, el vehículo misionero estaba descompuesto así que alquilamos uno. Salimos temprano en la mañana con todo el equipaje necesario, dejamos unos hermanos haitianos de confianza comprando los materiales en el pueblo para comenzar la obra. El lugar quedaba apartado de la carretera principal y no contaba con agua potable; tampoco tenía energía eléctrica. Los hombres comenzaron a preparar todo con mucho entusiasmo. Mientras que las mujeres, habilitamos una cocina en el patio para preparar los alimentos que consumiríamos más adelante. Todos estábamos felices de hacer parte de una obra tan importante para el corazón de Dios. Entrando la noche, detuvimos la labor, el hospedaje debía ser en un lugar seguro pues nuestra condición de extranjeros nos hacía vulnerables. Afortunadamente, el presidente nacional de nuestra misión en Haití había dispuesto todo para quedarnos en la casa de un Pastor amigo.

Para llegar al lugar, era necesario caminar un trayecto durante casi una hora, alquilar un auto y ahí si llegar a una zona retirada de uno de los pueblos que nos rodeaban. En la casa a la que llegamos, todos sus miembros nos cedieron sus cuartos, durmiendo ellos en zonas que no estaban adecuadas para ello. Todo con tal de que pudiéramos descansar. A la hora de darnos un baño, el agua provenía de un pozo y como es de esperarse, se encontraba helada. El Señor nos guardó puesto que luego de haber pasado todo un día a pleno sol, nuestra temperatura estaba elevada y bañarnos luego, tarde en la noche con este cambio de calor, no era muy seguro. ¡El Señor siempre estuvo con nosotros! Después de cuatro días de ardua labor, volvimos el sábado a la capital para descansar y retomar el siguiente lunes para terminar la obra.

Era impactante y conmovedor ver como los hermanos de la iglesia junto a la comunidad se unieron para desarrollar esta hermosa labor. Podíamos ver mujeres, niños y jóvenes con cántaros de agua en la cabeza para hacer la mezcla de cemento y los demás usos. ¡Eran incansables! El último día de trabajo se puso el mayor empeño, nuestro propósito era inaugurar en la tarde la primera etapa de la obra. Sobre las 2:00 p. m., todos los hermanos estaban reunidos, cambiados de ropa, esperando el momento de la inauguración. Finalmente podrían alabar y servirle a Dios sin que nadie se los impidiera, su gozo era tangible, todos le agradecían al Señor estar en el lugar. El altar fue decorado rápidamente por una de las hermanas que buscó flores de todo tipo para embellecerlo. En una de las partes, aún se oía el eco de un martillo asegurando las últimas planchas de zinc, pero al mismo tiempo, las sonoras voces de un pueblo adorando y cantando al Dios del cielo hacían tarde gloriosa y victoriosa para todos.

Ese día se vivió toda una ceremonia. Se cortó la cinta inaugural, hubo desfile, cantos, aplausos, todo un pueblo se gozaba delante de la presencia del Señor. ¡La Gloria sea para Dios!

Después de todo esto, recibimos unos aportes para terminar el templo, pudimos pintarlo, hacer algunos detalles y finalmente, quedó hermoso. El fruto de esta obra se vio rápidamente, tras unos cuantos meses el pastor de la iglesia nos informó que la gente no cabía en el lugar por lo que al poco tiempo se vio en la necesidad de hacer una ampliación.

¡Qué magnífica bendición!

15
SALUD QUEBRANTADA ¡DE REPENTE!

Nuestra salud está en las manos del Señor.

Cuando nos exponemos a ir a lugares en donde las condiciones de salubridad no son las mejores, en donde existen tantas limitaciones y condiciones precarias, es necesario que hagamos lo que nos corresponde: cuidarnos.

Quedamos extenuados al terminar el trabajo de la capilla en Ranscoy, Leogan. El grupo de hermanos que habían venido de Puerto Rico viajaron a su país y nuestra casa volvió a quedar igual que antes, podía percibirse una sensación de soledad, pero era solo eso, pues en realidad, la presencia del Padre, del Hijo y del Espíritu Santo llenaba el lugar. A la siguiente madrugada, fuimos a orar al templo y luego en casa, siendo medio día, mi esposo no se sentía muy bien, tenía una fuerte molestia en su rostro, cuello y cabeza que le inquietaba cada vez más. Yo fui a la cocina a preparar un café y cuando volví, lo encontré tendido en el sofá con su rostro deformado y uno de sus ojos desorbitado, completamente volteado.

Como es de esperarse me asusté, pensé que podían ser síntomas de un derrame cerebral, pero al recordar las altas temperaturas a las cuales estuvo expuesto mientras ponía el techo del templo, asumí que podía ser una parálisis facial. Fue un día difícil, le costaba tomar agua debido a que su boca no se podía mover y uno de sus ojos no cerraba. Yo alcé mis ojos a Dios y comencé a pedir su dirección, en la zona que nos encontrábamos habían fuertes disturbios, durante el día escuchamos tiros y detonaciones, la calle no era un lugar seguro. Era un momento tenso, pero Dios estaba con nosotros. Con mucha dificultad llegó el director de la escuela, nuestro hombre de confianza en Haití a quien amábamos como si fuera nuestro hijo. Cuando vio a mi esposo se preocupó, dijo que teníamos que salir de inmediato y gracias a que el domingo era día de tregua para el conflicto, muy temprano en la mañana fuimos a buscar ayuda médica en Santo Domingo, lugar en donde Dios uso una hermana, sierva de Dios muy querida, para todo lo que necesitamos hacer en el momento. Cuando finalmente nos reunimos con el doctor, nos dijo que efectivamente era una parálisis facial, pero añadió que la presión y algunos signos vitales, estaban alterados. Luego de sus indicaciones viajamos a Puerto Rico para guardar reposo.

Como esposa, debo ser sincera, era muy doloroso, sentía una gran angustia en mi corazón al verlo en ese estado. Justo en medio de este tiempo, el Señor entró en acción. A las dos semanas, fue sanado completamente, sus dolencias se fueron, su rostro se enderezó y todo se normalizó sin dejar huella alguna de lo que había pasado.

El Dios que nos llamó nunca nos abandonó, estuvo siempre a nuestro lado, está y estará con nosotros para siempre ¡**Aleluya!**

16
UN ALTO PARA **VISITAR CUBA**

UN ALTO PARA VISITAR CUBA

"Porque mis pensamientos no son vuestros pensamientos, ni vuestros caminos, mis caminos, dijo Jehová."

Isaías 55:8 RVR1960

A lo largo de mi vida nunca imaginé viajar a la isla de Cuba. Aun ahora, mientras escribo estas líneas siento algo especial. Por años hemos escuchado detalles terribles e inconcebibles de su sistema de gobierno y estilo de vida, de hecho, el cuadro que se forma en nuestras mentes es sombrío al conocer lo duro de su condición. No obstante, también pensamos que hay almas que necesitan a Cristo y su mensaje de salvación. Lo único que puedo decirles es que mi esposo albergaba la esperanza de visitar Cuba. Yo le alimentaba su deseo, pensando solo él podría ir.

El estar en el campo misionero no siempre nos da la oportunidad de movernos a otros lugares, debido a diferentes motivos como la economía, la responsabilidad sobre la obra que se nos ha asignado, entre otros.

Por eso, el texto que cité al comenzar este capítulo es muy claro con relación a este punto, se trata de lo que piensa Dios, no nosotros. Estando en Haití, conocimos a un hermano exsacerdote llamado Adrián. Era cubano y llevaba muchos años en Estados Unidos. Tenía un testimonio hermoso, había sido muy golpeado por la vida, pasando humillaciones, y, de hecho, tuvo una temporada en la que no contaba con techo, ni comida y se la pasaba deambulando por diferentes áreas de San Juan, Puerto Rico, buscando qué comer en las zonas de las basuras.

En uno de sus grandes momentos, nos visitó; recuerdo que cuando íbamos en el avión hacia Puerto Príncipe, Haití, me dijo: "Ustedes (refiriéndose a mi esposo y a mi), van a ir a Cuba", al decirlo, rodaron unas lagrimas por sus mejillas. Yo lo tomé como un comentario más, no obstante, al poco tiempo, supimos que había partido con el Señor y que sus palabras tendrían un cumplimiento profético para nuestras vidas.

En cierta ocasión, en una conversación de mi esposo con un amigo de la familia, salió a relucir el tema de Cuba y de momento, el interlocutor le dijo: "López, vamos a Cuba." Mi esposo se impactó sin saber que contestarle. Días más tarde, teníamos en nuestras manos dos tiquetes para Ángel y para mi, rumbo a esta hermosa isla.

Posteriormente, hablamos con un misionero itinerante para decirle nuestro interés de acompañarlo en la obra que realizaba allí, y tras algunos preparativos, viajamos junto a otros hermanos que se encontraban con la necesidad de dar a conocer el evangelio en el lugar.

En el momento de abordar el avión, el clima era inclemente, el cielo estaba nublado y casi negro, a lo lejos se venía llegar una gran tormenta. Uno de nuestros acompañantes preguntó en voz alta: "¿Este viaje será de Dios?" La verdad es que cuando algo es de Dios, no importa lo que le rodee, su propósito se va a cumplir. Así que nos elevamos en las alas del amor, el mal tiempo e inmediatamente empezamos a disfrutar de un cielo despejado y un sol radiante.

Aquello era una aventura. Pusieron a funcionar el aire acondicionado cuando ya íbamos bien alto. Las maletas que no alcanzaron a entrar en el compartimiento destinado para ellos se podían ver en todo lugar, aún en las salidas de emergencia. Las personas no tenían un asiento asignado, sino que se sentaban en donde había espacio. Las condiciones no eran las tradicionales a las que estábamos acostumbrados, pero sabíamos cuál era nuestra razón para estar allí, lo cual era suficiente.

Por fin llegamos a Santiago de Cuba donde nos esperaba el Pastor y presidente de la Obra. Nos trasladamos durante tres horas en su Jeep Toyota del año 1960 hasta llegar a su hogar en Sagua de Tánamo, Holguín; en donde nos esperaba una familia muy amorosa y cristiana.

La hospitalidad que nos brindaron fue de acuerdo a la altura de unos siervos de Dios.

Al próximo día de nuestra llegada viajamos a visitar los lugares donde existían obras de nuestro movimiento. A pesar de la pobreza, las limitaciones y los escasos recursos, disfrutamos de una naturaleza hermosa, pintoresca, que con todo su verdor nos recordaba a Puerto Rico.

En ninguno de los sitios que visitamos vimos un templo como tal. Pero sí, encontramos las Casas Cultos; se denomina así, a un espacio en la casa en donde vive el Pastor, separado única y exclusivamente para celebrar las reuniones; estos lugares, contaban con banquitos sencillos o sillas que en el momento de iniciar la reunión se llenaban de ocupantes, cambiando el ambiente y tornándolo especialmente glorioso. Fue hermoso llegar y reunirnos junto a un pueblo agradecido y comprometido con Dios. Eso me dejó sorprendida y a la vez feliz, pues no sabía que cultos se podían efectuar debido a la condición del país, afortunadamente, mis dudas se aclararon cuando participé de aquellos momentos tan especiales, llenos de la presencia del Señor y en donde el reloj no existía. Pudimos testificar, cantar, predicar y edificar aquel pueblo, claro con el cuidado y la precaución de saber qué palabras salían de nuestra boca.

Esa noche, me había preparado para hacer llegar a las manos de todos los que alcanzara un sobrecito con 30 vitaminas para que las consumieran en beneficio de su salud. La única manera que se me ocurrió para lograrlo, fue usar una falda con dos bolsillos grandes en donde puse los sobres. Cuando acabó el culto, mientras saludaba a los hermanos, en forma muy discreta, ponía en sus manos el sobre y les decía: "Tómese una diaria, son vitaminas." Pude ver que comprendieron y que las recibieron con mucho agrado. ¡Qué grandes cosas se pueden lograr en los viajes misioneros cuando se toman las debidas precauciones! ¡Gloria A Dios!

Hubo un incidente que me marcó cuando llegamos a visitar uno de los hogares de los hermanos. El hombre que visitamos había sido rescatado del vicio de tomar licor de caña, acción que realizaba en una forma exagerada. Su conversión era real. Nos comentaba que su cumpleaños siempre lo pasaba bebiendo con sus amigos hasta arrastrarse. Sin embargo, ese día era su cumpleaños y lo estaba pasando en su casa con hermanos de la iglesia, pues ahora todo era diferente. Pero lo que mencioné que me marcó fue que me dijo: "Hermana, por favor, háganos llegar algún libro de escuela Bíblica para estudiar la Palabra. No tenemos ninguno." Inmediatamente pensé en la abundancia de material cristiano escrito que tenemos en Puerto Rico y otros lugares, contenido que desechamos en muchas ocasiones a causa del espacio que nos puede ocupar. Eso me dolió mucho y espero que a estas alturas eso haya cambiado. Su forma de decirlo me manifestó el hambre de la Palabra de Dios.

Estuvimos visitando un anciano que vivía en una humilde casa y su trabajo era cosechar café junto a otros frutos más. Él no podía disponer totalmente de aquella cosecha, pues su tiempo de trabajo era supervisado por agentes del gobierno y una mayor parte de esa recolección tenía que entregarla a ellos. Este hombre no tenía la mejor salud, se veía cansado pero gozoso en el Señor.

Así mismo, caminando por estos campos llegamos a otra de las obras en donde nos esperaba un grupo de hermanos muy humildes. Pude notar de inmediato que su ropa se encontraba en mal estado, reparé también en su falta de salubridad en su higiene bucal, no porque quisieran que fuera así, si no porque no contaban con el medio para visitar un dentista y junto a eso, la escasa alimentación necesaria para evitar este problema. Allí compartimos con ellos, oramos, cantamos y les dejamos en un ambiente de gozo en el Señor, además de sembrar en ellos alguna ayuda económica para bendecirles.

Hay un suceso que no puedo dejar de compartir, recuerdo que el día que llegamos al aeropuerto de Santiago, todo nuestro equipaje fue chequeado de una forma intensa y profunda. En un momento dado, se ensañaron en las maletas de mi esposo y las mías, solo faltó que las desmontaran en todas sus partes. Mientras sucedía esto, detrás de nosotros tenía el turno uno de los hermanos. El traía en su hombro un maletín de mano con bastantes medicamentos que había comprado en Puerto Rico a última hora y no había tenido el tiempo de retirarle los precios. Entre lo que traía había medicina para la fiebre, el catarro, infecciones y mucho más. Hasta ahora no nos explicamos cómo, pero sí podemos entender que fue la mano del Señor y su propósito lo que no permitió que los agentes de aduana del aeropuerto vieran el equipaje y lo pidieran para inspeccionar, pues, de haberlo hecho, nada de eso hubiera llegado a su destino, ya que lo primero que le habrían preguntado es si era médico autorizado. Entonces: ¿Qué creen ustedes que sucedió?

Cuando llegamos al hogar de los misioneros trajeron una niña muy afectada por una mordedura de un perro, para la que no había manera de suministrar algún medicamento; no obstante, por "casualidad" se encontraba en el lugar un médico familiar del pastor, por lo que se juntaron los dos elementos necesarios para la emergencia: el especialista y los tratamientos, pues de lo que llevaba el misionero en su maletín, alcanzó para poder limpiar y curar aquella niña afectada. ¿Se dan cuenta como Dios se glorifica en lo que menos nos imaginamos?

Hubo un detalle que es digno de señalar y es que un especialista de la salud, ganaba en ese momento y lugar en moneda cubana lo que es equivalente a cinco dólares americanos mensuales ¡Así como lo leen!, era un valor mínimo para la importancia de su labor.

Esa tarde, nuestra última en aquel lugar, nos reunimos con los Pastores, sus esposas e hijos para bendecirles con algunas ofrendas, ropa y presentes que dejamos en sus manos. Nunca olvidaremos el amor y la hospitalidad brindada, el gozo del Señor en sus vidas, y como lidiaban con cada situación que les tocaba vivir.

Tampoco olvidaremos los vehículos antiguos pero en buenas condiciones, las bicicletas por todos los lugares, las motos preparadas con asientos para pasajeros añadidos al lado o en la parte trasera. Las palabras que para nosotros son normales, pero allá no eran así y viceversa. Visitar Cuba es algo especial e inolvidable, es ver un pueblo entregado ofrendando la mejor adoración de ellos para Dios: su corazón.

Esperamos volver algún día. Dios bendiga de manera grande y especial a este pueblo precioso, que no falte en nuestras oraciones nunca.

CONCLUSIÓN

Mi deseo y más sincera intención es que estas vivencias te edifiquen, te alienten y aumenten tu fe guiándote para hacer la voluntad de Dios en tu vida, aunque no sea lo que deseas o lo que te has programado.

Después de tener todas estas experiencias en nuestro periodo misionero, regresamos a Puerto Rico y continuamos pastoreando. En cada etapa de nuestra vida hemos visto la mano de Dios, aun cuando en enero 2012 tuvimos un giro inesperado, en el momento en que mi esposo sufrió un derrame cerebral que lo dejó incapacitado.

Dios se ha hecho presente en cada una de las situaciones, que mucho hemos aprendido cuando hemos tenido que caminar en el desierto; cuanto hemos crecido al hacer lo que Él quiere que hagamos. Él no se equivoca, nosotros tendemos a desviarnos a lo que nos atrae y no contamos con su dirección.

Finalmente, queridos lectores, los animo a preguntarle al Señor: "¿Jesús, qué quieres de mí?" Asegúrense que al oír su respuesta, puedan decir desde lo más profundo de su ser:

> "El hacer tu voluntad, Dios mío, me ha agradado y tu ley está en medio de mi corazón."
> **Salmos 40:8 RVR1960**

A QUIENES AMAMOS...

¡Gracias señor! En todo lo que nos ha tocado vivir dentro del marco de tu voluntad, nos has premiado con una familia hermosa y especial. Hijos, yernos y nietos que han marcado nuestras vidas. La palabra que nos fue dada con relación a ellos no ha fallado.

Por eso, a quienes tanto amamos les dedicamos esta obra.

BIOGRAFÍA

Pura (Purita) Maldonado, nació en San Juan, Puerto Rico. Desde muy pequeña comenzó a dar escuela bíblica a los niños motivada por sus maestras, estando siempre involucrada en todas las actividades que se realizaban en la iglesia. Fue cercana a sus pastores y líderes en donde adquirió experiencia y destreza.

Se ha desarrollado junto a su esposo el Reverendo Ángel López, ministro del Concilio de la Iglesia de Dios Pentecostal Movimiento Internacional en diferentes pastorados en Puerto Rico, y, durante trece años como misioneros en la Republica de Haití.

Sus hijos Obed, Nimsy, Namsy y Nadia han participado a su lado de todas las experiencias que los han hecho crecer en el Señor, haciendo partícipes a muchos, de la mano de Dios a lo largo de su trayectoria.

Amante de la escritura y de la labor social, llevó su experiencia a las páginas para motivar a otros. Actualmente reside en Atlanta, Georgia, junto a su esposo, su hija Namsy, Luis, su yerno y familia.

NOTAS

1. www.idcsevilla.org/poesias/poesia5.htm
Poema ¡Pasó la siega! Consultado el de agosto de 2019.

www.ingramcontent.com/pod-product-compliance
Lightning Source LLC
Chambersburg PA
CBHW061653040426
42446CB00010B/1711